基于双重学习效应的生产调度问题研究

陈 可◎著

中国财经出版传媒集团

经济科学出版社
Economic Science Press

·北 京·

图书在版编目（CIP）数据

基于双重学习效应的生产调度问题研究/陈可著.
－－北京：经济科学出版社，2023.6
ISBN 978 - 7 - 5218 - 4680 - 5

Ⅰ.①基…　Ⅱ.①陈…　Ⅲ.①企业管理 - 生产调度 -
研究　Ⅳ.①F273

中国国家版本馆 CIP 数据核字（2023）第 062276 号

责任编辑：程辛宁
责任校对：齐　杰
责任印制：张佳裕

基于双重学习效应的生产调度问题研究
陈　可　著
经济科学出版社出版、发行　新华书店经销
社址：北京市海淀区阜成路甲 28 号　邮编：100142
总编部电话：010 - 88191217　发行部电话：010 - 88191522
网址：www. esp. com. cn
电子邮箱：esp@ esp. com. cn
天猫网店：经济科学出版社旗舰店
网址：http://jjkxcbs. tmall. com
固安华明印业有限公司印装
710 × 1000　16 开　9.25 印张　150000 字
2023 年 6 月第 1 版　2023 年 6 月第 1 次印刷
ISBN 978 - 7 - 5218 - 4680 - 5　定价：56.00 元
（图书出现印装问题，本社负责调换。电话：010 - 88191545）
（版权所有　侵权必究　打击盗版　举报热线：010 - 88191661
QQ：2242791300　营销中心电话：010 - 88191537
电子邮箱：dbts@ esp. com. cn）

前　言

　　调度作为一个基础的决策环节在制造业和服务业得到了广泛的应用。它主要研究在给定时间段内如何将有限的资源合理地分配给各个待处理任务，以最优化某些调度指标。调度问题广泛存在于生产过程中，合理的调度方案可以有效降低企业的生产成本和资源消耗，并最终为企业带来经济效益和竞争力的提升。基于不同的生产加工环境、约束和目标，分化出了大量可研究的调度问题，吸引众多学者在这一领域展开持续的探索与研究。

　　经典的生产调度模型通常假设工件的加工时间固定不可变，然而，管理者在实际生产中发现加工时间会随着工人生产技能的熟练、经验的积累等原因而变短，研究者们将此称为学习效应。围绕这一主题，涌现出了大量的研究成果。然而，涉及学习效应的大多数调度问题仅考虑自主学习，即边做边学（leaning by doing），很少考虑主动的资源投入对学习效应的影响，也就是诱导学习（induced learning）。本书考虑的诱导式学习效应是指可以通过主动投资来促进学习效果。主动性投资可以包括各类管理活动，例如，专业培训计划、与工作相关的指导、生产环境或过程的变更、激励计划、技术更新等。尽管在实践中经常观察到此类管理活动且相应的诱导学习效应观点在经管领域很早已经出现，但是在调度文献中却几乎没有考虑过这种效应带来的影响。针对这一实际现象，本书从理论研究的角度出发，通过若干个经典的调度问题，来探索这两类学习效应（简称双重学习效应）对生产调度模型的影响。本书研究一方面丰富了相关的理论研究，另一方面对生产实践也具有一定的指导意义。

本书的主要工作有：

（1）研究了单机环境下基于双重学习效应的若干个经典调度问题。模型中工件的实际加工时间与加工位置相关，同时也受到投入资源的影响。本书需要同时决策工件的加工顺序和最佳的诱导学习率。优化目标为在经典调度目标与投资成本之间进行权衡。具体考虑的经典调度目标包括极小化最大完工时间、总完工时间以及总完工时间误差度。本书研究发现，对最大完工时间、总完工时间来说，SPT 规则依然是最优的；但是总完工时间误差度不再满足这一性质。通过一系列的分析，本书发现可以将连续的诱导学习率划分成若干个子区间，而在每个子区间内最优解具有唯一性。最终，本书设计了 $O(n^3 \log n)$ 复杂度的最优算法。此外，本书还考虑了满足一致性条件下的总加权完工时间和最大延误时间这两个问题，并分别设计了对应的多项式时间最优算法。

（2）研究了一致平行机环境下基于双重学习效应的经典调度目标：即最大完工时间、总完工时间、总完工时间误差度与相应的投资成本之间分别进行权衡的问题。同样的，本书需要决策工件的加工顺序和诱导学习率。对于总完工时间和总完工时间误差度问题，本书设计了多项式时间内的最优算法。对于最大完工时间问题，不含学习效应时此问题已是调度领域经典的 NP-hard 问题，因此，双重学习效应下问题变得更加困难。当诱导学习率给定时，本书设计了一个完全多项式时间的近似方案（FPTAS），并基于此最终给出了一个近似算法。

（3）研究了双重学习效应下最小化总加权延误工件数量的问题。问题除了需要决策工件的加工顺序和诱导学习率之外，还需要决策一个共同的交货期。在交货期之前完工的工件不受惩罚，交货期之后的工件则记为延误工件，并且有一个与之相关的惩罚权重（每一个工件的权重各不相同）。目标函数包含以下三个部分：交货期成本、总加权延误工件数量、投资成本。本书首先分析了诱导学习率给定时的问题，对此构造了一个动态规划求解算法。当诱导学习率可决策时，本书先对目标函数进行变换，利用集合划分的思路，得出了一系列新颖且有效的性质。最终，基于这些性质和相应的动态规划算法设计了一个 $O(n^5)$ 的最优算法。

（4）研究了双重学习效应下，一个与成组加工相关的交货期时间窗分配问题。问题需要同时决策工件的加工顺序和分组的加工顺序以及诱导学习率，还需要为每一个分组决策一个交货期时间窗。在交货期窗口前后完工的工件会产生相应的惩罚，而在交货期窗口内完工的工件则不受惩罚。目标函数包含与交货期窗口相关的成本和投资成本两部分。通过对每一个决策部分的细致分析，本书给出了一种能够在多项式时间内解决这个问题的算法。

目　录

绪　　论

1.1　研究背景与意义

基于现阶段我国制造业转型升级的背景，我们从生产调度优化对智能制造的重要性以及加工时间可变这一因素对生产调度的影响两个方面来具体阐述本书的选题背景、拟研究问题的理论意义和实践意义。

在过去的 30 多年中，制造业作为我国经济的支柱，一直是增速最快的经济部门之一，在促进经济增长和就业增加方面发挥了举足轻重的作用。但近年来我国制造业增速放缓，出口不顺，内需不振，制造业面临前所未有的挑战。与此同时，自国际金融危机后，美国、日本、德国等传统的工业强国开始反思制造业在国民经济中的战略作用，分别提出了各自的"再工业化战略"，例如，欧盟的"未来工厂计划"、美国的"先进制造业领导战略"、德国的"工业 4.0 计划"等，发达国家开始以更加积极的政策态势推动自身的先进制造业发展。而且近些年来随着国内劳动力成本的不断上升，不少跨国企业已将业务转移至东南亚国家，我国制造业面临着东南亚发展中国家和欧美发达国家的前后夹击之势。

在这种形势下，如果不尽快改善国内制造业粗放式的发展模式，将对我国产业结构、社会就业等诸多方面造成难以估量的影响，进而拖累经济的健康持续发展。明势资本研究报告表示："从劳动效率、资源利用效率、客户需求三个方面看，和发达国家相比，中国制造业仍有巨大的提升空间，这将形成一轮巨大的产业机遇，并有望实现弯道超车。届时，中国制造业将具备和发达国家竞争的实力，其带来的产业机会和投资机遇将更具想象空间。"①因此"中国制造2025"以及"十三五"规划中的制造强国战略等应运而生，作为对制造业的中长期规划，从强调单一增长调整为强调制造业质量提升，提出了以智能制造为主导的产业升级方案，通过智能制造改变我国制造业粗放的发展方式，实现制造业的转型升级，实现我国从制造大国向制造强国的转变。

智能制造是基于新一代信息技术，贯穿设计、生产、管理、服务等制造活动各个环节，具有信息深度自感知、智慧优化自决策、精准控制自执行等功能的先进制造过程、系统与模式的总称。② 从其定义可以看出，生产、管理环节的智能化是其中一个核心要素。生产调度（scheduling）作为制造业生产计划管理与生产过程控制的核心环节和关键技术，是企业科学管理的重要手段。高效率的生产计划与调度优化技术对于降低运营成本、提升设备等资源的有效利用率、提高生产效率以及大幅缩减产品制造周期都具有十分重要的意义和影响，也是提升企业的经济效益和社会效益的重要途径。因此制造业车间生产过程中的生产调度技术以及优化算法一直是运营管理领域的主要研究方向之一，也是实现企业科学管理和智能转型的关键环节，对提升企业核心竞争力和精细化管理水平具有重要的实际意义。

在实际运营管理中，决策者将会面临客户多样化的需求以及复杂多变的生产环境，一方面生产企业面临这些实际因素的困扰，需要有效的调度方法

---

① 智能制造领衔"双创"等多个规划跟进，升级版中国制造将在"十三五"成型［EB/OL］. http：//dz. jjckb. cn/www/pages/webpage2009/html/2015 – 10/20/content_11164. html，2015 – 10 – 20.
② 工业和信息化部，财政部. 智能制造发展规划（2016—2020 年）［EB/OL］. http：//www. miit. gov. cn/n1146295/n1652858/n1652930/n3757018/c5406111/content. html，2016 – 12 – 08.

指导，另一方面这些因素也使得调度问题变得复杂多样，引领着调度领域的发展，丰富了调度的理论基础，因此相关的调度理论研究具有一定的理论研究意义和实际应用价值。例如，仅以近些年的博士论文为例，包括：考虑到任务加工时间可以通过在加工过程中分配和消耗一定数量的额外资源（电力、燃气和资金预算等）加以控制的情形，徐开亮（2010）和朱辉（2018）研究了生产任务加工时间可控条件下的生产调度问题；考虑到生产过程中的不确定因素，李平（2013）研究了不确定条件下混装和作业车间调度问题，沈佳煜（2016）研究了在不确定情形下带周期维护等因素的若干排序问题；考虑到不同车间之间的协作行为，曾程宽（2015）研究了考虑缓冲和运输能力限制的作业车间和跨单元生产调度方法；考虑到钢铁铸造行业是电力消耗的大户，谭貌（2015）研究了基于电力需求响应的板坯热轧负荷分析与调度，王桂荣（2017）研究了分时电价下炼钢连铸生产调度优化方法；除此之外，虞先玉（2015）研究了在生产过程中因为学习/老化效应的影响实际加工时间可变的调度问题，李锋（2016）研究了生产与物流过程中成批加工或运输的调度问题，刘春来（2017）研究了生产力有限、订单不均衡情形下订单外包的生产调度模型和算法。同时，考虑到很多实际生产加工调度问题为 NP-hard 问题，邓冠龙（2012）、崔喆（2013）、徐建有（2015）等探索了各种类型的智能求解算法，各种元启发式算法也是解决此类问题的常用方法。

本书将从经管领域被称为学习效应的理论出发，探索它对经典生产调度问题的影响。在实际生产操作过程中，工人将在重复操作类似的工作中获得经验的积累和技能的熟练，因而最终提升了生产效率。所以管理者发现随着产量的提升，单位产品所耗费工时会逐渐降低。这种现象在经济与管理科学相关的文献中被称为学习效应（Wright，1936），比斯卡普（Biskup，2008）对其进一步分类称之为自主学习效应。考虑因自主学习效应引起的加工时间可变的调度问题，国内外的研究成果非常之多，仅在国内，虞先玉（2015）、朱辉（2018）等也已对此展开了相关的研究。而在实际生产管理过程中，我们还经常观察到一些旨在提升工作人员效率的管理活动，这些精细安排的管理活动可能包括专业培训计划、整理而成的与操作有关的指导手册、生产环境或过程的优化调整、激励计划、技术设备更新等等。这些活动对生产调度是否产生影响？是否对学习效应具有影响？通过对相关文献的阅读整理，我们发现在经管领域，对此已有相关研究讨论。国内程惠芳和陆嘉俊（2014）、汤学良和吴万宗（2015）、郑文平和方福前（2016）、程虹（2018）等从人力资本、技术进步、员工培训、管理效率等角度探讨了企业管理与生产率之间的关系，特别是程虹（2018）针对"中国企业－劳动力匹配调查"（CEES）数据（2015～2016 年）的研究指出，管理效率对劳动生产率增长具有显著的正向因果效应，管理效率每提高 1 个单位标准差，我国企业的劳动生产率平均将提高 1.3 倍。而生产率的变化显然会影响到企业的生产调度计划。至于管理活动对学习效应的影响，在国外很早也已经出现对此讨论的文献，他们认为此类活动对生产管理有较大的影响且对学习效应产生重要的促进效用，并将此类由额外付出成本获得的学习效应称为诱导学习，例如，阿罗（Arrow，1962）、达顿和托马斯（Dutton and Thomas，1984）、阿德勒和克拉克（Adler and Clark，1991）、拉普雷和范·沃森霍夫（Lapré and van Wassenhove，2001）等。他们的主要观点是学习不仅源于重复劳动，也与管理层采取的行动有密切关系，强调了在员工培训、技术更迭、知识传播等方面进行积极投资对学习效应的重要影响。因此，在自主学习发挥作用的时候，诱导学习也在背后支持和加速了自主学习。然而，到目前为止，现有的少数几个在调度领域具有影响力的学习效应模型都专注于自主学习，即边做边学，诱导学习效应在调度领域尚未得到充分的认识和研究。比斯卡普和西蒙斯（Biskup and Simons，2004）首先在调度领域引入了诱导学习效应，探索了其对生产调度的影响，然而并未得到研究者的注意。因此，本书探索了自主学习和诱导学习之间的区别以及它们之间的相互影响，新模型一方面使排序研究的理论体系进一步完善，丰富了相关的调度理论和组合优化理论，另一方面也使得排序研究与实践结合得更紧密，研究结果具有一定理论意义和学术价值，对生产管理活动也具有一定的指导意义。

1.2　调度相关背景知识

1.2.1　调度基本概念

根据皮内多（Pinedo，2012）经典的著作《调度：原理、算法和系统》（*Scheduling：Theory，Algorithms，and Systems*）中的描述，调度是在许多生产制造和服务行业中经常需要做的一个决策过程。它主要处理给定时间段内任务的资源分配，其目标是优化一个或多个有关的指标。资源和任务在一个组织中可以表现为各种形式。例如，车间中的机器就可以视作一种资源，另外像是机场的跑道、施工现场的工作人员、计算机环境中的处理单元等也都可以认为是资源；相应地，任务可以是生产过程中的操作、飞机在机场的起降、在建设项目中的阶段安排、计算机程序的执行等。每个任务可以具有一定的优先级，甚至最早开始时间和最晚截止日期。最后，目标也可以采用许多不同的形式，可以是最小化最后一个任务的完成时间，也可以是最小化延期完成的任务数量等。

一般地，调度问题中需要安排的任务（工件）和资源（机器）数目都是有限的。通常将工件数目定义为 n，而机器数目定义为 m。并且用下标 j 特指某个工件 J_j，下标 i 特指某个机器 M_i。接下来我们介绍几个常见的参数：

- p_{ij}：工件 J_j 在机器 M_i 上进行加工需要花费的操作时间。
- r_j：工件 J_j 最早可以开始加工的时间，也称释放时间。
- d_j：工件 J_j 的交货期。
- w_j：工件 J_j 的加工权重或者说是优先值，代表工件 J_j 跟其他工件相比的重要程度，举例来说，工件的权重可以认为是将工件留在系统中的成本，像是持有成本或库存成本等。

具体的一个调度问题可以通过三元组的形式来表示，即 $\alpha|\beta|\gamma$。其中，α 代表具体的机器加工环境，例如，单台机或多台机加工环境，或者流水车间

等；β 代表具体的加工特征和约束；γ 表示调度的优化目标，常见的如极小化最大完成时间 C_{max} 和极小化总的完成时间 $\sum C_j$ 等。接下来我们将对此进行具体的介绍：

1.2.1.1　机器环境的类型 α

• 1：单台机器的加工环境（single machine），属于调度问题中最简单的一种加工环境。

• P_m：一致平行机（identical machines in parallel），代表 m 台机器是一样的。

• Q_m：异速平行机（machines in parallel with different speed），说明 m 台机器拥有不同的加工速度，机器 M_i 的速度为 v_i，于是工件 J_j 在机器 M_i 上加工所需要花费的时间 $p_{ij} = p_j/v_i$。

• R_m：不相关的多台机加工环境（unrelated machines in parallel），这是更一般化的加工环境，其中工件 J_j 在机器 M_i 上的加工速度为 v_{ij}，因此工件 J_j 在机器 M_i 上花费的加工时间为 $p_{ij} = p_j/v_{ij}$。

• F_m：流水车间的加工环境（flow shop），共有 m 台机器按顺序串行，每个工件必须在每台机器上都进行处理。所有作业必须遵循相同的路线，即必须首先在机器 1 上然后在机器 2 上进行处理，以此类推。工件在一台机器上加工完成后，将加入下一台机器上的队列。通常，假定所有队列都按照先进先出原则操作，如果先进先出约束有效，则将此类流水车间称为排列流水车间，β 字段会标注约束 prmu。

• J_m：工作车间的加工环境（job shop），在具有 m 台机器的车间中，每个工件都有其自己预先设定好的路线。有的工作车间每个工件在每一台机器上加工一次，有的工作车间工件可以在每台机器上多次加工。在后一种情况下，β 字段内需要标注约束 rcrc 表明可以循环在机器上加工。

• O_m：开放车间的加工环境（open shop），有 m 台机器。工件必须经历每一台机器。但是，其中一些机器上的处理时间可以为零。在开放车间的加工环境下，每个工件的加工没有任何限制，可以为每个工件设定各自的加工路线，而不同的作业可以具有不同的路线。

1.2.1.2 加工的约束条件 β

● r_j：释放时间（release dates），一个工件只可以在它的释放时间之后开始加工，β 字段不包含此约束意味着所有的工件在调度开始时刻已经全部准备完成，可以在任意时刻开始加工。

● $prmp$：抢占（preemptions），意味着没有必要将已经启动的工件一直保留在机器上直到加工完成，其允许调度程序在任何时间中断工件的处理，并将其他工件放到机器上加工。根据被抢占工件在后续加工中是否可以恢复已加工部分，又可以分为可恢复抢占和不可恢复抢占。当允许抢占时，$prmp$ 包含在 β 字段中；如果不包括 $prmp$，则不允许抢占。

● $prec$：优先约束（precedence constraints），优先约束可能出现在单台机器或多台机器环境中，此要求表示必须先完成一个或多个作业，然后才能允许另一个作业启动它的处理。优先级约束有几种特殊形式：如果每个作业最多具有一个前续和最多一个后继，则此约束称为链；如果每个作业最多有一个后继，则此约束称为 $intree$；如果每个作业最多具有一个前续，则此约束称为 $outtree$。

● s_{jk}：顺序相关的转换时间（sequence dependent setup times），表示在先后处理工件 J_j 和 J_k 时需要完成的与序列有关的转换时间。如果工件 J_j 和 J_k 之间的转换时间还取决于机器，则可以包括机器下标 i，即 s_{ijk}。

● $prmu$：排列（permutation），流水车间环境中可能出现的一个约束，每台机器的加工队列都根据先进先出的规则，这意味着在整个系统中都将维持跟通过第一台机器一样的加工顺序。

1.2.1.3 目标函数 γ

经典的调度问题一般是极小化一个目标，通常围绕着工件的完工时间设计优化目标。常用 C_j 表示工件 J_j 的完工时间。此外，调度目标通常与交货期相关，例如，工件 J_j 的延误定义为：

$$L_j = C_j - d_j$$

其中，d_j 是工件的交货期。延迟则定义为：

$$T_j = \max\{C_j - d_j,\ 0\} = \max\{L_j,\ 0\}$$

两者的区别在于延迟是正的，而延误可以为负。另外，目标还有延误数量 U_j：

$$U_j = \begin{cases} 1, & \text{如果 } C_j > d_j \\ 0, & \text{如果 } C_j \leqslant d_j \end{cases}$$

以上三个目标是最常考虑的与交货期相关的目标函数。接下来，再介绍一些其他的经典调度目标：

- $C_{\max}$：最大完成时间（makespan），即 $\max\{C_1,\ C_2,\ \cdots,\ C_n\}$，最后一个离开系统的工件的完成时间。极小化最大完成时间通常意味着对机器的高利用率。

- $\sum w_j C_j$：总的加权完成时间（total weighted completion time），n 个工件的加权完工时间的总和通常表示该计划产生的总持有或库存成本。在文献中，总完工时间有时也称为流动时间，然后将总加权完工时间称为加权流动时间。

- $L_{\max}$：最大延误（maximum lateness），即 $\max\{L_1,\ L_2,\ \cdots,\ L_n\}$，这个指标是用来衡量基于交货期的最大延误成本。

- $\sum w_j T_j$：总的加权延迟成本（total weighted tardiness）。

- $\sum w_j U_j$：总的加权延迟工件个数（weighted number of tardy jobs）。

- $\sum E_j + \sum T_j$：总的提前成本和延迟成本（total earliness plus total tardiness），其中 $E_j = \max\{d_j - C_j,\ 0\}$、$T_j = \max\{C_j - d_j,\ 0\}$。更一般化的目标为总的加权提前成本和加权延迟成本（total weighted earliness plus total weighted tardiness）$\sum \alpha_j E_j + \sum \beta_j T_j$，$\alpha_j$ 和 β_j 分别为工件提前和延迟的权重。

1.2.2　相关优化方法

生产调度问题属于最优化问题中的（离散）组合优化问题。尽管在这个方向已经积累了大量的研究成果，但是由于组合优化问题的多样性和特殊性，至今仍没有普遍适用的求解方法。并且随着问题的拓展和变化，原有方法通常不再适用。目前常见的一些方法包括传统运筹学方法、调度中常见的一些基于规则的方法；以及针对 NP-hard 问题设计的近似算法，例如，（完全）多项式时间近似方法［(F)PTAS］或者启发式算法等。

1.2.2.1　传统运筹学方法

针对调度问题的整数规划模型，研究中常用分支定界算法或动态规划算法。

（1）根据胡运权（2003）的定义，分支定界算法是一种隐枚举法或部分枚举法。分支定界算法的关键是分支和定界。所谓"定界"，是在分支过程中，若某个后继问题恰巧获得整数规划问题的一个可行解，那么，它的目标函数值就是一个"界限"。因为整数规划问题的可行解是其松弛问题的可行解集中的一个子集，所以其最优解的目标函数不会优于对应的线性松弛问题。因此，可以排除那些比这个"界限"差的结果，减少了决策区间。在这样的迭代过程中，一步步提高定界的效果。

（2）动态规划算法是一种适用于解决多阶段决策过程问题的最优化方法。常用来解决最优路径问题、资源分配问题、生产计划与库存、投资、装载、排序等问题及生产过程的最优控制等。动态规划算法通常要用到以下概念：阶段、状态、决策和策略、状态转移、指标函数。能够使用动态规划算法进行求解的问题必须满足每阶段决策的最优性和无后效性，因此，每段的最终决策实际上都是从全局最优出发考虑的。

1.2.2.2　常见的调度规则

在实际生产过程中，调度人员总结发现了一些规则，这些规则从经验中总结而来，不能保证产生解的可行性与最优性，但它们直观、简单实用，计算代价小，在实际生产过程中得到了广泛的应用。

- SPT 规则：即最短加工时间优先规则（shortest processing time first，SPT），针对单台机和平行机环境下极小化总的完成时间的问题，即 $1 \| C_j$，$P_m \| C_j$，SPT 为对应的最优策略。

- WSPT 规则：即加权最短时间优先规则（weighted shortest processing time first，WSPT），按照 p_j/w_j 升序排列，针对单台机环境下极小化总的加权完成时间问题，即 $1 \| \sum w_j C_j$，WSPT 是对应的最优策略。

- EDD 规则：即最短交货期优先规则（earliness due date first，EDD），按照交货期从小到大排列。针对单台机环境下极小化最大延误成本，即 $1 \| L_{\max}$，EDD 规则是最优的。

1.2.2.3 近似算法

我们知道，如果一个问题能够在多项式时间内求解，那么这个问题就属于 P 问题，存在多项式时间的最优算法。而在调度领域更多的问题则属于 NP-hard 问题，除非 P = NP，否则不存在多项式时间算法求得这些问题的最优解。因此，通常需要设计相应的近似算法或启发式算法。

近似算法的定义：

对于一个优化问题，存在一个多项式时间可解的算法 A，如果对于该问题的任何算例 I，且 $k \geqslant 1$，均满足

$$\frac{1}{k} \times OPT(I) \leqslant A(I) \leqslant k \times OPT(I)$$

那么可以称算法 A 是该问题的一个 k 倍近似算法。值得注意的是，第一个不等式适用于最大化问题，第二个不等式是针对最小化问题。

多项式时间近似方案的定义：

对于一个优化问题，多项式时间近似方案（polynomial time approximation scheme，PTAS）是指对于这个优化问题的任何一个实例和参数 $\epsilon > 0$，算法 A 都可以给出不大于（$1 + \epsilon$）倍的近似解。对于每个固定的 ϵ，PTAS 的运行时

间要求为 n 的多项式。因此，运行时间为 $O(n^{\frac{1}{\epsilon}})$ 甚至 $O(n^{\exp(\frac{1}{\epsilon})})$ 的算法都算作 PTAS。而完全多项式时间近似方案（fully polynomial time approximation scheme，FPTAS）要求对于问题大小 n 以及 $1/\epsilon$ 都是多项式的。

为所研究的问题设计上述的近似方法可以使我们得到问题的精确近似结果，解的质量有保证，然而通常对模型的依赖度较高，移植性较差。此外，还有一类较为常见的算法叫作元启发式算法。这是一类建立在一些初始方案上的进化型算法，不需要对问题进行深入的分析，常常是得到"满意解"即可。由于不去苛求最优化或者接近最优解，因此启发式算法的解与最优解之间的偏离程度事先无法衡量。应用这类算法的原因在于，对实际生产过程中的很多问题，并不存在严格的最优解，或者找到最优解可能需要花费巨大的代价。常见的启发式算法有遗传算法、禁忌搜索、模拟退火、蚁群算法等。

1.3 文 献 综 述

我们知道学习是一个长期积累过程，而调度问题却经常发生在一些需要在给定时间内利用有限资源去完成不同生产任务或订单的过程中，这是一个短期的活动。因此不禁会有疑惑：学习效应会影响调度决策吗？比斯卡普（Biskup，2008）、贾贝雷特等（Jaber et al.，2013）、阿佐兹等（Azzouz et al.，2018）、奥斯特迈尔（Ostermeier，2019）都对此进行了分析，他们认为学习效应确实会影响一些生产环境下的调度决策。这些生产环境的特点是作业过程中具有较高的人工操作比例，因为其中涉及大量的人类交互活动，因此存在着学习效应。这些活动和环境可能包括：机器加工前的准备活动、加工后的清理活动、操作使用机器、加工失败时的故障处理、学习和理解机器使用说明、多个产品交替加工的生产环境、出于定制目的而频繁更改产品加工线的生产环境等。虽然有了大量的人工参与使得学习效应有了存在的可能，但不意味着它在每一个车间都存在。如果相同的一批操作人员使用固定的机器对同类产品的加工已经持续了数年，此时学习效应已经可以忽略不计了。

比斯卡普（Biskup，2008）进一步指出学习效应更加可能存在于生产环境发生变化时，这些变化包括：新入职的员工、因为技术更新而新增的机器、新产品的加入、因为管理活动而工作流程发生变化等。

　　自从比斯卡普（Biskup，1999）首先在调度问题中考虑了学习效应后，大量的工作聚焦于采用何种学习效应模型、如何在调度问题中将学习效应合理地考虑进来以及探索它们对调度理论的影响。研究者的思路主要来自早期管理领域对学习理论的探索，我们在下面对学习效应的来源和发展分别作综述研究，并对它们在调度领域的主要应用现状做了总结。

1.3.1　学习效应理论

　　运营管理中的学习概念指的是重复的生产活动带来的效率提升。工作人员在重复的操作过程中学习并提升了他们的工作效率。学习效应也称为学习曲线（learning curve）、经验曲线（experience curve）、改进函数（progress function）等，它的存在已经被众多研究所证实。我们这里将对该领域发展过程中比较重要且被后续文献引用较多的学习效应模型进行梳理。

　　经典的学习效应描述了产品的生产成本和它累积产量之间的关系，在随后的研究当中，也有研究者将产品的加工时间当作生产成本的一种形式，研究加工时间与产量之间的关系。莱特（Wright，1936）或许是最早对学习效应展开科学研究的文献。莱特发现在飞机制造业中单位制造成本随着产量的提升逐渐降低，并提出了被称为"80%学习效应"的概念，"80%学习效应"表示产量每提升一倍，生产成本就降低20%。随后，研究者们在其他产业也发现了类似的现象（Yelle，1979）。因此众多学习效应模型也被逐渐提出用来拟合此类现象，耶尔（Yelle，1979）和巴迪乌（Badiru，1992）对这些工作做了较为详细的综述研究，其中引用较多的模型主要有 Log-linear 模型、Stanford-B 模型、DeJong 模型、S-curve 模型、Pegel's 模型等，我们将在下面对它们进行一一介绍。

1.3.1.1　Log-linear 模型

Log-linear 模型来自莱特（Wright，1936）。这是最经典的学习效应模型，它描述了大批量连续生产同类产品时的单位成本与累积产量之间的关系。其关系表达式如下：

$$C_x = C_1 x^b \qquad\qquad (1-1)$$

其中，C_x 表示第 x 件产品的生产成本，C_1 表示第 1 件产品的生产成本，x 为累积产量，b 为学习效应的学习效率参数。使用这个模型意味着，随着产量的增加，每单位的累积成本将以恒定的百分比降低。

Log-linear 模型是本书的学习效应模型的基础，我们将对它进行更细致的分析。当我们用产品加工时间取代上文的成本时，我们有如下分析讨论：令 $p_{[1]}$ 表示第一个产品的加工时间，$p_{[k]}$ 表示第 k 个产品所需时间，那么根据 Log-linear 模型，我们有 $p_{[k]} = p_{[1]} k^b$。根据莱特（Wright，1936）提出的"80%学习效应"，每当产量翻倍时，单位加工时间就减少 20%，我们有 $p_{[2k]} = p_{[k]} LR$。LR 表示实际观察到的学习效应情况，此处 $LR = 0.8$。我们有：

$$LR = \frac{p_{[2k]}}{p_{[k]}} = \frac{p_{[1]}(2k)^b}{p_{[1]}k^b} = 2b$$

$$b = \log_2 LR \leqslant 0$$

因此，"80%学习效应"对应的学习效率为 $b = \log_2 0.8 = -0.322$。学习效应模型很重要的一个实际应用就是用来精确计算未来的产品加工时间。如果第一个产品的加工时间为 100 的话，那么表达式 $p_{[k]} = 100k^{-0.322}$ 就可以很好地描述此时加工时间随着产量变化的曲线（见图 1-1）。由于产量一般是一个整数，因此学习效应曲线一般是一些离散不相连的点。

1.3.1.2　Stanford-B 模型

美国国防部在斯坦福研究所的一项早期研究促成了 Stanford-B 模型的发展（Asher，1956），研究人员发现该模型更能够代表第二次世界大战时飞机机身制造的数据。模型表达式如下：

$$Y_x = C_1 (x + B)^b$$

其中，Y_x 表示制造第 x 件产品的直接成本，当 $B=0$ 时，C_1 表示第一件产品的制造成本，b 是模型的渐进斜率，$1 < B < 10$ 是一个常数，表示在正式开始生产前的一个经验常数。当 $B=0$ 时，Stanford-B 模型就退化为传统的 Log-linear 模型。波音公司发现 Stanford-B 模型非常适用于波音 707 飞机的生产过程（Badiru，1992）。

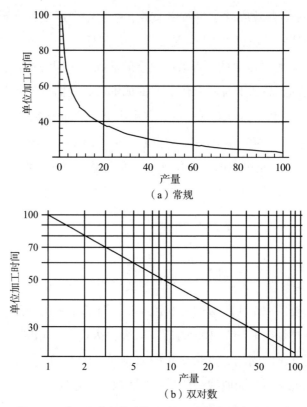

（a）常规

（b）双对数

图 1-1 "80％学习效应"下加工时间随着产量的变化

注：（a）描述了常规坐标系下加工时间随着产量变化的曲线，（b）展示了对应的曲线在双对数坐标轴系统中的图象。

资料来源：比斯卡普（Biskup，2008）。

1.3.1.3　DeJong 模型

德容（DeJong，1957）提出了一个不可压缩的概念。他的工作指出一个任务的操作中可能包含人工部分和机器部分，其中人工部分可能随着产量的增加而减少，而机器部分不会随着产量而发生变化，应始终固定。用 M 表示不可压缩参数，模型表示为：

$$C_x = C_1 \left[M + (1 - M) x^b \right]$$

当 $M = 1$ 时表示完全由机器控制，不受人工的影响，此时加工时间不变，不会随着产量发生变化，也不存在学习效应；当 $M = 0$ 时，模型等价于 Log-linear 模型，意味着完全的人工操作。

1.3.1.4　S-curve 模型

卡尔（Carr，1946）基于逐步启动的假设提出了一种 S 形学习曲线函数，逐步启动是基于这样一个事实，即生产的早期阶段通常处于过渡状态，此时伴随着工具、方法、材料、设计乃至工人的不断变化等，因此学习较慢，后期环境定型后开始进入快速学习阶段。模型表示为：

$$C_x = C_1 \left[M + (1 - M)(x + B)^b \right]$$

其中，M 表示不可压缩参数，B 是一个经验常数。

1.3.1.5　Pegel's 模型

佩格尔（Pegel，1969）提出了学习曲线的另一种数学形式。他的模型采用一种指数函数形式，表示为：

$$C_x = \alpha a^{x-1} + \beta$$

其中，模型参数 α、a、β 需要从实际数据中分析得来。

1.3.1.6　小结

我们在图 1 - 2 中展示了几种学习效应在双对数坐标轴下的大致曲线，可以给予我们一个非常直观的理解。

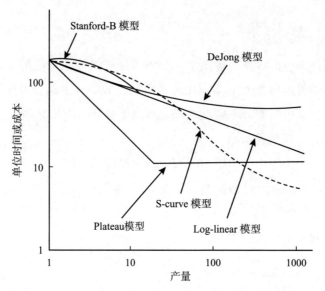

图 1-2　加工时间或成本在各种学习效应模型下随着产量的变化

资料来源：阿佐兹等（Azzouz et al.，2018）。

除了以上模型，巴迪乌（Badiru，1992）还介绍了其他一些更加复杂的学习曲线模型，但是我们需要强调的是无论哪一种学习效应模型，它们都是对实际生产过程收集数据的一种近似拟合，无法精确表达不同产业中发现的不同现象。关于经管领域学习效应的文献综述还有贾贝尔和邦尼（Jaber and Bonney，1999）、安扎内罗和福格里奥（Anzanello and Fogliatto，2011），他们对学习效应曲线和它的应用以及未来研究方向作了一个非常细致的梳理。

1.3.2　学习效应在调度领域中的应用

1.3.2.1　自主学习效应

随着学习效应曲线在管理领域得到越来越多的认可，研究者们也逐渐在调度领域引入了这一概念，开始研究评估学习效应对生产调度问题的影响。因此，在过去的十多年里，在学习效应下进行调度研究的文献迅速增长。虽然研究者们对在调度领域究竟哪一种学习效应模型最为适合尚未达成共识，但自从比斯卡普（Biskup，1999）在该领域中引入了 Log-linear 模型后，由它引申出的与位置或已加工时间相关的学习效应模型已在调度领域被广泛传播和接受。我们接下来将依据比斯卡普（Biskup，2008）和阿佐兹等（Azzouz et al.，2018）的研究结果，对调度领域主要的学习效应模型做一个简要的介绍。

（1）与位置相关的学习效应模型。

比斯卡普（Biskup，1999）作为先行者，将 Log-linear 模型引入调度领域，建立了经典的与位置相关的学习效应模型。其表达式如下：

$$p_{jr} = p_j r^a \qquad\qquad (1-2)$$

其中，p_{jr} 表示工件 J_j 安排在第 r 个位置上加工时的实际加工时间，p_j 表示工件 J_j 的标准加工时间，$a < 0$ 为模型的学习效应参数。如果所有任务的标准处理时间相同，那么公式（1-2）与公式（1-1）相同；否则，两个模型之间还是会存在一些差异。并且，这两个模型所依据的基础生产环境假设也有所不同。在公式（1-1）中，假定相同的加工订单或作业处理时间，而在调度环境中则可能存在不同的加工处理时间。但无论如何，这两个公式都只是对学习效应如何影响加工时间的一个近似方案。比斯卡普（Biskup，1999）利用经典的相邻交换法证明对于 $1 \mid p_{jr} = p_j r^a \mid \sum C_j$ 问题，SPT 是最优排序规则；当引入交货期决策后，对于 $1 \mid p_{jr} = p_j r^a, d \mid \sum (\alpha E_j + \beta T_j + \theta C_j)$ 问题可以使用指派方法在 $O(n^3)$ 内求解。而进一步考虑到一些实际情形，例如，加工操作完全由机器完成，那么考虑学习效应仅发生在不同工件间的准备过程中更加合适，准备过程可以是工序间的清理或下一工件的材料工具准备等，因此比斯卡普（Biskup，2008）提出了 $p_{jr} = p_j + s_j r^a$ 这一模型，其中 p_j 为机器的固定加工时间，s_j 为人工操作的准备时间，它具有前面模型提到的学习效应。

摩西和西德尼（Mosheiov and Sidney，2003）对比斯卡普（Biskup，1999）的模型进一步一般化，他们认为工人的学习效应可能与工件所具有的不同特性有关，因此假设每一个工件具有不同的学习效应参数，建立了 $p_{jr} = p_j r^{a_j}$ 的模型。他们对 $1 \mid p_{jr} = p_j r^{a_j} \mid \{ C_{\max}, \sum C_j, \alpha E_j + \beta T_j + \theta C_j \}$ 等问题进行了分析，设计了指派问题进行求解。王吉波（Wang，2006）在比斯卡普（Biskup，1999）的基础上考虑工件还会受它的开始加工时间的恶化影响，建立了 $p_{jr} = (p_j + wt) r^a$ 的可变加工时间模型，其中 w 表示与开始加工时间有关的恶化效应参数，t 为工件的开始加工时间。他们对此模型下的一系列单机调度问题展开了研究。王和郑（Wang and Cheng，2007）对王吉波（Wang，2006）的工作做了一个小改动，提出了新的模型 $p_{jr} = (p + w_j t) r^a$。

同样是与位置相关，郑和王（Cheng and Wang，2000）提出了一个完全不同的线性学习效应模型，工件 p_j 安排在第 r 个位置加工后，它的实际加工时间表达式为 $p_{jr} = p_j - v_j \min\{r-1, n_{0j}\}$，其中 v_j 是学习效应参数，$n_{0j} \leq n-1$ 为工件学习效应的上界，模型需要满足 $v_j < p_j/n_{0j}$。他们发现 $1 \mid p_{jr} = p_j - v_j \min\{r-1, n_{0j}\} \mid L_{\max}$ 是强 NP-hard 的，但如果满足 v_j 和 n_{0j} 对所有工件都相等，那么 $1 \mid p_{jr} = p_j - v \min\{r-1, n_0\} \mid L_{\max}$ 可以使用 EDD 规则最优求解；如果满足所有工件的交货期相同 $1 \mid p_{jr} = p_j - v_j \min\{r-1, n_{0j}\}, d_j = d \mid L_{\max}$，则可以通过指派方法求解。巴赫曼和贾尼亚克（Bachman and Janiak，2004）随后提出了一个更加简单的模型 $p_{jr} = p_j - v_j r$，$v_j < p_j/n$，并在单机模型和具有工件释放时间的问题上验证了模型。王和夏（Wang and Xia，2005）也提出了类似的 $p_{jr} = p_j(w - vr)$ 模型。

（2）与已加工时长有关的学习效应模型。

与位置相关的学习效应模型忽略了已经加工工件的累计时间对经验积累的作用，针对这种可能情形，古和杨（Kuo and Yang，2006a）提出了如下模型：

$$p_{jr} = p_j (1 + p_{[1]} + p_{[2]} + \cdots + p_{[r-1]})^a = p_j \left(1 + \sum_{k=1}^{r-1} p_{[k]}\right)^a$$

其中，$a \leq 0$ 为学习效应参数，$p_{[k]}$ 为第 k 个位置上所加工的工件标准加工时间。虽然模型更加复杂了，但通过相邻交换依然可以证明 SPT 规则对问题

$1 \mid p_{jr} = p_j (1 + \sum\limits_{k=1}^{r-1} p_{[k]})^a \mid \sum C_j$ 来说依然是最优的。古和杨（Kuo and Yang，2006b）进一步在分组加工的条件下探索此模型的影响，发现 SPT 规则对最小化最大完工时间和总完工时间依然是最优的。古和杨（Kuo and Yang，2006a）模型中工件的实际加工时间与工件的标准加工时间有关，而这与我们先前所假设的实际加工时间与历史已完成加工工件的累计时间有关不符合，因此杨和古（Yang and Kuo，2007）提出了新模型，如下：

$$p_{jr} = p_j (1 + p_{[1]}^A + p_{[2]}^A + \cdots + p_{[r-1]}^A)^a = p_j (1 + \sum\limits_{k=1}^{r-1} p_{[k]}^A)^a$$

其中，$p_{[k]}^A$ 为第 k 个位置上工件的实际加工时间。结果发现单机模型下对于最小化最大完工时间和总完工时间来说 SPT 规则依然是最优的，对于加权总完成时间则在一致条件下 WSPT 规则是最优的。库拉马斯和基帕里西斯（Koulamas and Kyparisis，2007）则提出了一个完全不同的模型，如下：

$$p_{jr} = p_j \left(1 - \frac{\sum\limits_{k=1}^{r-1} p_{[k]}}{\sum\limits_{k=1}^{n} p_{[k]}} \right)^b = p_j \left(\frac{\sum\limits_{k=r}^{n} p_{[k]}}{\sum\limits_{k=1}^{n} p_{[k]}} \right)^b$$

其中，$b \geqslant 1$。他们的结果显示对于单机和两个特殊条件下的两台机流水线加工环境，SPT 规则对最小化最大完工时间和总完工时间都是最优的。

（3）同时与位置和已加工时间相关的学习效应模型。

结合比斯卡普（Biskup，1999）、库拉马斯和基帕里西斯（Koulamas and Kyparisis，2007）的模型，郑等（Cheng et al.，2008）建立了如下模型：

$$p_{jr} = p_j \left(1 - \frac{\sum\limits_{k=1}^{r-1} p_{[k]}}{\sum\limits_{k=1}^{n} p_{[k]}} \right)^{a_1} r^{a_2}$$

其中，p_j 为工件 J_j 的标准加工时间，$p_{[k]}$ 为在第 k 个位置上加工的工件的标准加工时间，$a_1 \geqslant 1$ 和 $a_2 < 0$ 为学习效应参数。他们的结果表明单机模型下对于最小化最大完工时间和总完工时间来说 SPT 规则依然是最优的，同时对于满足一致条件的总加权完成时间和最大延误时间来说 WSPT 规则和 EDD 规则分

别是最优的。他们还对一些特殊的多台机流水车间问题给出了多项式时间算法。同年也提出了类似的模型：

$$p_{jr} = p_j \left(1 + \frac{\sum\limits_{k=1}^{r-1} p_{[k]}}{\sum\limits_{k=1}^{n} p_{[k]}} \right)^{a_1} r^{a_2}$$

其中，$a_1 < 0$ 和 $a_2 < 0$。杨等（Yang et al.，2013）在胡和李（Wu and Lee，2008）的基础上考虑到工作的不同复杂性对学习效应的影响是不同的，提出了基于不同工件复杂性的学习效应模型：

$$p_{jr} = p_j (1 + \sum\limits_{k=1}^{r-1} w_{[k]} p_{[k]})^{a_1} r^{a_2}$$

其中，$a_1 < 0$，$a_2 < 0$，$w_{[k]}$ 表示工件 $J_{[k]}$ 的加工复杂性。

（4）非确定形式的学习效应模型。

殷等（Yin et al.，2009）对上述模型进行了一般化，用一般化的函数关系替代前面的确定关系，模型如下：

$$p_{jr} = p_j f(\sum\limits_{k=1}^{r-1} p_{[k]}) g(r)$$

其中，$\sum\limits_{k=1}^{0} p_{[k]} = 0$，$p_{[k]}$ 为在第 k 个位置上加工的工件的标准加工时间，函数 $f:[0, +\infty) \rightarrow (0, 1]$ 非增可微函数，f' 在 $[0, +\infty)$ 上非减且 $f(0) = 1$，$g:[1, +\infty) \rightarrow (0, 1]$ 是一个非增函数且 $g(1) = 1$。即使没有确定的函数形式，他们依然可以证明单机模型下对于最小化最大完工时间和总完工时间来说 SPT 规则依然是最优的，同时对于满足一致条件的加权总完成时间和最大延误时间来说 WSPT 规则和 EDD 规则分别是最优的。他们还对一些满足排列性质且工件在每一台机器上的加工时间都相等的多台机流水车间问题给出了多项式时间算法。殷等（Yin et al.，2010）对上述模型进一步调整，将模型中的加工时间修改为实际加工时间，建立了如下模型：

$$p_{jr}^A = p_j f \left(\frac{\sum\limits_{k=1}^{r-1} p_{[k]}^A}{\sum\limits_{k=1}^{n} p_{[k]}} \right) g(r)$$

其中，$\sum_{k=1}^{0} p_{[k]}^{A} = 0$，$p_{[1]}^{A} = p_{[1]}$，其他要求与原模型相同。他们在单机模型上得到了与原模型相同的结论。黎和李（Lai and Lee，2011）对上述两个一般化的模型更进一步松弛，提出新的模型：

$$p_{jr} = p_j f(\sum_{k=1}^{r-1} \beta_{[k]} p_{[k]}, \ r)$$

其中，$\beta_1 \leqslant \beta_2 \leqslant \cdots \leqslant \beta_n$ 表示每一个工件对实际加工时间的贡献权重。模型需要以下假设条件：f：$(0, +\infty) \times N \to (0, 1](N = \{1, 2, \cdots\})$，是关于 x 的非增可微函数，关于 y 的非增函数；$\frac{\partial}{\partial x} f(x, y_0)$ 关于 x 是一个非减函数对于固定的 y_0 且 $f(0, 1) = 1$。他们证明了单机模型下对于最小化最大完工时间和总完工时间来说 SPT 规则依然是最优的，同时对于满足一致条件的加权总完成时间来说 WSPT 规则是最优的，对于最大延误时间 L_{max}、最大延迟时间 T_{max} 以及总延迟时间 $\sum T_j$ 来说 EDD 规则是最优的。

（5）其他学习效应模型。

除了上述几种学习效应模型，还存在一些其他类型的模型，例如，考虑到一些学习效应模型中加工时间递减过快，王和夏（Wang and Xia，2005）提出了 $p_{jr} = p_j b^{r-1}$，其中 $0 < b < 1$ 为学习效应参数，当 b 靠近 1 时，加工时间将会缓慢减少。同样针对加工时间递减过快的现象，郑等（Cheng et al.，2011）提出了截断模型，关系表达式为 $p_{jr} = \max\{(1 + \sum_{k=1}^{r-1} p_{[k]})^a, \beta\} p_j$，其中 $a < 0$ 为学习效应参数，$0 < \beta < 1$ 为模型截断参数。吴等（Wu et al.，2013）则提出更加简化的 $p_{jr} = \max\{r^a, \beta\} p_j$ 模型。

近年来，使用上述几种学习效应表达式，针对不同的加工环境和优化目标，随后的研究者们做了大量的工作。例如，考虑流水加工车间（Cheng et al.，2013；Gao et al.，2018；Shahvari and Logendran，2018；Wu et al.，2018）；考虑与已完工序列依赖的转换时间（Kuo and Yang，2007；Pei et al.，2018）；考虑恶化效应（Wang，2007；Wang and Wang，2014；Mohammadi and Khalilpourazari，2017；Khalilpourazari and Mohammadi，2018）；考虑工件释放

时间（Bachman and Janiak，2004；Lee et al.，2010；Bai et al.，2018）；考虑可中断工件加工（Żurowski，2018；Żurowski and Gawiejnowicz，2019）；考虑可变速率活动（Ji and Cheng，2010；Zhu et al.，2013；Rustogi and Strusevich，2014）；考虑分组加工技术（Pei et al.，2018；Zhang et al.，2018）；考虑交货期（Lai and Lee，2011；Xu et al.，2016；Gao et al.，2018）；考虑交货期窗口（Mosheiov and Sarig，2008；Wang and Wang，2011；Li et al.，2015）；考虑资源分配（Zhu et al.，2013；Li et al.，2015；Sun et al.，2019）；等等。有关此研究方向的更多信息，包括对学习效应模型的详细分析和有关拓展工作的整理，我们建议读者通过研读郑等（Cheng et al.，2004）、比斯卡普（Biskup，2008）和阿佐兹等（Azzouz et al.，2018）的综述研究获得更加全面的了解。

1.3.2.2 诱导学习效应

莱维（Levy，1965）首次提出了诱导学习的概念，指出诱导学习效应是在一定资源的投入下，通过有意识的、精细安排的、旨在提升生产效率和降低生产成本的管理活动来实现的。这些管理活动可能包括专业的培训计划、与工作有关的指导、生产环境或过程的变更、激励计划、技术的更新等。到目前为止，现有的少数几个在调度中具有影响力的学习效应模型都专注于自主学习，即边做边学。但是，最近对生产制造业学习现象进行研究的文献强调了在技术更迭、知识传播方面进行积极投资（诱导学习）对学习效应的重要影响。因此，对自主学习和诱导学习之间的相互作用关系以及它们对调度的影响分析具有一定研究意义，且对实际生产管理活动也具有较大的参考价值。我们在表 1 - 1 中简要概括了两种学习效应的区别，接下来我们将对有关诱导学习和生产效率提升的文献进行细致分析，探索诱导学习、自主学习以及生产率提升之间的关系脉络。

表 1 – 1　　　　　　　　　　　　　　两种学习效应的对比

项目	自主学习	诱导学习
定义	边做边学，重复劳动的结果	主动有意识的管理活动带来的影响
变量形式	产量、生产时长	劳动力培训时长、投资成本、产品设计或生产流程设计等的时长、产品质量等
主要模型	$C_x = C_1 x^b$	依据不同假设和背景，模型各不相同

　　早期管理领域关于学习效应的文献多聚焦于研究累积产量与效率提升之间的关系，致力于寻找它们之间的关系表达式以及描述经验积累的指标，但是结果却不能很好地解释为什么存在众多的学习效应曲线，甚至即使是生产相同产品的企业学习效率也不相同。之后研究者开始探索其中的原因，一些新的假设和模型逐渐被提出来。阿罗（Arrow，1962）建议使用总投资来替代总产量作为经验积累的指标来衡量学习效应，主要观点是经验积累不仅来自大批量的重复生产活动，企业的投资也会加速工人技能和技术知识的积累，并且新设备的使用也同样会提升生产效率。谢辛斯基（Sheshinski，1967）随后使用实证数据验证了这一假设。莱维（Levy，1965）另辟蹊径，首次明确将直接劳动培训时长等与管理活动有关的变量引入模型来解释这一现象，并将学习效应分成三类（诱导学习、自主学习、随机学习）展开研究，其中的诱导学习与本书所研究的概念相同。根据戴伊和蒙哥马利（Day and Montgomery，1983）的研究，劳动者的经验积累对成本的降低已在多个不同的行业中观察到。他们得出结论，由经验曲线描述的成本降低具有三个主要的来源：自主学习、技术进步和规模效应。尽管很难区分这些来源各自的贡献，但很明显，效率提高（因此降低了成本）并不仅仅是由于边做边学（自主学习）的原因。达顿和托马斯（Dutton and Thomas，1984）对 200 个学习曲线模型展开了研究，他们得出的结论是，学习率不应是一个根据过去的表现给定的常数，而应视为一个也受管理层行动影响的因变量。法因（Fine，1986）提出了一个基于产品质量的学习曲线，指出公司关于产品质量的决策会影响到学习的效率，选择生产高质量的产品的公司会比其他公司学习得更快，即获得更陡

峭的学习曲线。原因是高质量的产品需要更加高水平的质量管理控制活动，从而使得管理者和工人需要付出更大的努力、重视，在生产过程中也有更大可能发现并改正一些缺陷和不效率的环节。李和拉贾戈帕兰（Li and Rajago-palan，1998）同样以产品质量作为要素之一进行了类似的研究工作。不同于以往主要根据累积产量研究生产效率与经验积累之间的关系，阿德勒和克拉克（Adler and Clark，1991）依据某电子产品公司两个不同生产部门的数据，探索了生产效率和两个与管理活动有关的变量之间的关系，两个变量分别为工人累积培训时长和花费在工业工程及生产流程改善方面的时长。有趣的是他们发现两个管理变量都可能提升或者扰乱生产效率。哈奇和莫厄里（Hatch and Mowery，1998）分析了半导体行业中技术创新和学习效应之间的关系，与以往大多数边做边学的研究相反，他们发现学习曲线是旨在提高产量和降低成本的精益管理活动的产物，而不是生产量的附带产物。对诱导学习最明确直接的研究工作是拉普雷和范·沃森霍夫（Lapré and van Wassenhove，2001），他们研究了一家公司的生产线，发现由于对知识的发现和传播进行有意投资而产生的诱导学习可以加速学习曲线，从而带来巨大的生产力提升。类似的结论也可以在相关文献中找到（Hirschmann，1964；Abernathy and Wayne，1974；Mukherjee et al.，1998；Ittner et al.，2001；Jorgensen and Kort，2002；Serel et al.，2003）。此外，这些研究都表明，学习不仅源于重复劳动，也与管理层采取的行动有密切关系。因此，在自主学习发挥作用的时候，诱导学习也在背后支持和加速了自主学习。汽车的制造是一个典型受益于自主学习和诱导学习效应的生产过程的一个显著例子（Li and Rajagopalan，1998；Jorgensen and Kort，2002）。自主学习发生在汽车的大规模生产加工过程中，与此同时，加工过程还伴随着诱导学习，即各种生产过程的改进方法（例如，日本看板拉式系统、准时制管理等）。类似的现象也可以在许多其他制造系统中发现。

涉及自主学习的调度论文众多，可知该主题已在调度研究中获得普遍认可。同时，研究人员也观察到管理活动对学习效应也有重要的影响。而且正如拉普雷等（Lapré et al.，2000）、比斯卡普和西蒙斯（Biskup and Simons，

2004)、比斯卡普（Biskup，2008）所讨论的那样，在经典的对自主学习建模的方法中存在一些固有的缺陷。具体而言，比斯卡普（Biskup，2008）观察到学习效应通常是按照简单的取决于外部参数且不可决策的指数函数建模的。这样的模型无法为管理层提供有关如何获得额外效率的提升、如何降低成本，以及如何控制学习效果的帮助。另外，值得注意的是，员工掌握的技能和知识传播以及单个员工的学习态度也直接影响行业内的学习率。所以，一个简单的事先给定的参数无法充分拟合此现象。相反，从竞争力来说，能够通过对员工培训进行投资以增强他们的学习和生产力来主动影响学习效应的公司将获得优势。

综上所述，比斯卡普和西蒙斯（Biskup and Simons，2004）首先尝试在调度中同时考虑自主学习和诱导学习。他们考虑了一个常见的带有交货期的调度问题，其中工件的实际加工时间根据学习效应而减少，并且还可能进一步受到初始投资的影响。具体来说，他们将学习效应模型表述为 $p_{jr} = p_j r^{\log_2[(1-x)z]}$，其中 z 是自主学习率 $0 < z \leqslant 1$，$0 \leqslant x \leqslant x_{\max} < 1$ 表示管理人员计划实现的针对自主学习率的降低百分比，也即学习效应的计划提升水平。为达到 x 需额外付出成本 $k(x)$，即投资成本。$p_{jr}(p_j)$ 分别指实际（标准）加工时间，r 代表工件被安排的加工位置。对于具有诱导学习的调度问题，目标函数变为经典的调度指标加上投资成本，那么模型的优化目标就变为使函数 $\sum_{j=1}^{n}(E_j + T_j) + k(x)$ 最小化，其中 E_j 和 T_j 分别是工件 J_j 相对于交货期的提前量和延后量。因此，问题涉及在原始目标函数和投资成本之间进行权衡。他们通过详细的分析得出了问题的一些结构性质，并提出了一种在 $O(n^3)$ 时间内解决问题的算法。他们的研究是在调度领域中同时整合了自主学习和诱导学习的第一项工作，研究结果表明通过确定最佳的诱导学习效应水平，可以在调度指标和资源投入之间取得平衡，实现生产计划系统的全局最优。此外，他们的研究结果还突出表明了在技术知识增强方面进行投资的重要性，并表明公司可以管理学习效应，以便更好地控制生产系统。在管理层的充分赞赏下，引入诱导学习效应的调度问题可能会成为调度研究中的新潮流。

　　虽然比斯卡普和西蒙斯（Biskup and Simons，2004）的工作引起了人们对自主学习和诱导学习的普遍关注，但就我们所知，随后只有为数不多的关于调度的研究同时考虑了自主学习和诱导学习。张等（Zhang et al.，2013）提到了诱导学习的概念，并将投资建模为一个需要付出时间段。但是，他们仍然将学习率视为一个常数，这与仅考虑自主学习的模型没有什么不同。查和张（Zha and Zhang，2014）提出了一种遗传算法来解决具有多技能学习效应的项目调度问题，这种学习既考虑了自主学习又考虑了诱导学习。在他们的研究中，自主学习是以一种与加工时间总和相关的形式。如上所述，在调度中同时涉及自主学习和诱导学习的研究还很少。为了填补这一研究空白，本书考虑了几个涉及自主学习和诱导学习的经典调度问题。研究的目标是找到最佳的加工顺序和合适的诱导学习率 x，从而最小化调度指标和投资成本之和。我们在表 1-2 中列出了与本书第 2 章研究问题相关的主要参考文献和主要研究结果。

表 1-2 主要相关文献整理和主要研究结果

问题	复杂性	求解算法	参考文献
$1 \mid p_{jr} = p_j r^a \mid C_{\max}$	$O(n \log n)$	SPT	Mosheiov(2001a)
$1 \mid p_{jr} = p_j r^{\log_2[(1-dx)z]} \mid C_{\max} + bk(x)$	$O(n \log n)$	SPT	本书第 2.3.1 节
$P_m \mid p_{jr} = p_j[R + (1-R)r^a] \mid C_{\max}$	NP-hard	近似算法	Ji et al. (2015)
$P_m \mid p_{jr} = p_j r^{\log_2[(1-d_ix)z_i]} \mid C_{\max} + bk(x)$	NP-hard	算法 2.2	本书第 2.4.1 节
$1 \mid p_{jr} = p_j r^a \mid \sum_{j=1}^{n} C_j$	$O(n \log n)$	SPT	Biskup(1999)
$1 \mid p_{jr} = p_j r^{\log_2[(1-dx)z]} \mid \sum_{j=1}^{n} C_j + bk(x)$	$O(n \log n)$	SPT	本书第 2.3.1 节
$P_m \mid p_{jr} = p_j r^a \mid \sum_{j=1}^{n} C_j$	$O(n^{m+2})$	指派问题	Mosheiov(2001b)
$P_m \mid p_{jr} = p_j r^{\log_2[(1-d_ix)z_i]} \mid \sum_{j=1}^{n} C_j + bk(x)$	$O(n^{m+2} \log n)$	算法 2.3	本书第 2.4.2 节
$1 \mid p_{jr} = p_j r^a \mid TADC$	$O(n^3)$	指派问题	Mosheiov(2001a)

续表

问题	复杂性	求解算法	参考文献
$1 \left\lvert p_{jr} = p_j r^{\log 2 \left[(1-dx)z \right]} \right\rvert \text{TADC} + bk(x)$	$O(n^3 \log n)$	算法 2.1	本书第 2.3.2 节
$P_m \left\lvert p_{jr} = p_j r^a \right\rvert \text{TADC}$	$O(n^{m+2})$	指派问题	Mosheiov (2008)
$P_m \left\lvert p_{jr} = p_j r^{\log 2 \left[(1-d_i x)z_i \right]} \right\rvert \text{TADC} + bk(x)$	$O(n^{m+2} \log n)$	算法 2.3	本书第 2.4.3 节
$1 \left\lvert p_{jr} = p_j r^a, \text{AR} \right\rvert \sum\limits_{j=1}^{n} w_j C_j$	$O(n \log n)$	WSPT	Zhao et al. (2004)
$1 \left\lvert p_{jr} = p_j r^{\log 2 \left[(1-dx)z \right]}, \text{AR} \right\rvert \sum\limits_{j=1}^{n} w_j C_j + bk(x)$	$O(n \log n)$	WSPT	本书第 2.5.1 节
$1 \left\lvert p_{jr} = p_j r^a, \text{AR} \right\rvert L_{\max}$	$O(n \log n)$	EDD	Wu et al. (2007)
$1 \left\lvert p_{jr} = p_j r^{\log 2 \left[(1-dx)z \right]}, \text{AR} \right\rvert L_{\max} + bk(x)$	$O(n^3)$	算法 2.4	本书第 2.5.2 节

注：TADC（total absolute differences in completion times，总完工时间误差度）；AR（agreeable ratio，一致关系）。

1.3.3 最小化总加权延误工件数量相关的研究现状

交货期决策是实际生产运营管理中的一个常见问题，因此带有交货期的调度问题也成为调度研究领域的一个重要研究方向。带有交货期决策的调度问题其优化目标主要有两类：一是与工件延误数量相关；二是与工件相对于交货期的提前量和延误量相关。本书第 3 章研究的问题与第一类目标函数相关，第 4 章则与第二类目标函数相关。接下来，我们将对与最小化总延误工件数量相关的文献作一个梳理。

与传统的调度相关的文献中，交货期是一个外生的不可决策的变量不同，第 3 章研究供应商为客户提供的交货期是一个内生决策变量。当所有的工件都要被配送给同一个客户时，我们需要决策一个适用于所有工件的交货期。一般地，我们令 $U_j = \{0, 1\}$ 表示一个工件是否为延误工件。当工件 J_j 的完工时间 C_j 小于它的交货期 d_j 时，我们称它为准时工件，此时 $U_j = 0$；当工件 J_j 的完工时间 C_j 大于它的交货期 d_j 时，我们称它为延误工件，此时 $U_j = 1$。一般地，我们的优化目标为最小化总延误工件的数量 $\sum U_j$，当工件 J_j 还具有一个与之相关的权重 w_j 时，优化目标为 $\sum w_j U_j$。更一般地，当模型引入了一些实际加工环境的约束后，例如，平行机或流水线车间的加工环境等，整个问题将变得更加复杂。相关的研究综述参见戈登等（Gordon et al.，2002）、沙布泰和施泰纳（Shabtay and Steiner，2012）、阿达姆和阿德乌米（Adamu and Adewumi，2014）等文献。我们将根据交货期是否可决策来梳理相关的文献，简要介绍其中的一些主要成果以及与本书研究相关的文献。

摩尔（Moore，1968）是最早一批关于最小化延误工件数量的研究之一，他研究了一个带有 n 个工件，每一个工件都有一个事先给定的交货期的调度问题。针对最小化延误工件的数量这一优化目标（即 $1\|\sum U_j$），他提出了一个后来被称为摩尔算法（Moore's algorithm）的多项式时间最优算法，时间复杂度为 $O(n\log n)$。在摩尔（Moore，1968）的基础上，如果每一个工件都有一个权重 α_j，那么问题 $1\|\sum \alpha_j U_j$ 就变成了一个 NP-hard 的问题（Karp，2010）。劳勒和摩尔（Lawler and Moore，1969）为此问题设计了一个伪多项式时间的动态规划算法。此问题的一个特例，即所有的工件有一个相同的外生给定的交货期时，那么 $1\mid d_j = d\mid\sum \alpha_j U_j$ 就等同于一个背包问题，我们知道背包问题是一个弱 NP-hard 问题。此时，交货期 d 等同于背包的容量，工件的加工时间 p_j 等同于物品的体积，工件的权重 α_j 等同于物品的价值。此后，研究者们对此类问题进行了一系列的拓展研究，例如，将交货期进行松弛：由 n 个不同的交货期变为使用共同的交货期，交货期由事先给定的变为可决策变量，加工环境由单机拓展到平行机、流水车间等，以及其他调度问题中常见的约束等。

摩西和西德尼（Mosheiov and Sidney，2005）研究了单机最小化延误工件数量的问题，所有工件使用一个共同的外生给定的交货期，且工件的实际加工时间服从与工件和加工位置都相关的学习效应模型（$1\mid p_{jr} = p_j r^{a_j}$，$d_j = d\mid\sum U_j$）。他们将问题转化为寻找最大化准时工件的数量这一问题，对每一个可能的准时工件数量采用指派问题来确定能否达到，最终通过不停搜索可能的准时工件数量解决了这一问题，他们给出了一个时间复杂度为 $O(n^3 \log n)$ 的求解算法。他们还推测当交货期不止一个时，问题可能变为 NP-hard，这一猜想被詹基亚和鲁德（Janiak and Rudek，2008）证实。杨和古（Yang and Kuo，2011）将加工时间更一般化，研究了 $1 \mid p_{jr}(t) = b_j \mathrm{tr}^{a_j}, d_j = d \mid \sum U_j$，其中，$t$ 为工件开始加工的时间，b_j 为恶化效应参数。他们同样采用了摩西和西德尼（Mosheiov and Sidney，2005）的方法来解决此问题。詹基亚和鲁德（Janiak and Rudek，2008）证明了摩西和西德尼的猜测，考虑了与位置相关的学习效应模型，他们证明了当每一个工件都有各自事先给定的交货期时，$1 \mid p_{jr} = p_j r^{a_j}, a_j < 0 \mid \sum U_j$ 是一个强 NP-hard 问题，并且还证明了当仅有两个不同的交货期时，此问题依然是一个 NP-hard 问题。摩西和沙布泰（Mosheiov and Shabtay，2013）将位置相关的学习效应模型一般化后，研究了同样的问题。鲁德（Rudek，2012）同样在摩尔（Moore，1968）的基础上，引入了与位置相关的学习效应模型，即工件的实际加工时间与它在加工序列中所处的位置有关（也可以说是与已完成加工的工件数量有关）。他们证明 $1 \mid ALE \mid \sum U_j$，$ALE = \{p_j(r) = p_j r, \ p_j(r) = p - b_j r\}$ 是强 NP-hard 的，并且证明特别情形下，当 $f(r)$ 对于所有工件都一样，仅与位置有关时，此时问题 $1 \mid p_j(r) = p_j + f(r) \mid \sum U_j$ 是可以在多项式时间最优求解的，依然可以使用摩尔算法来求解此问题。除了一般的单机模型，也有研究者将更加复杂的加工环境引入到模型中，例如，流水车间、分组加工技术、恶化效应时间等，相关的文献有约泽福斯卡等（Józefowska et al.，1994）、刘和余（Liu and Yu，1999）、摩西和西德尼（Mosheiov and Sidney，2005）、李和陆（Lee and Lu，2012）、摩西和奥朗（Mosheiov and Oron，2012）等。

接下来我们将聚焦于交货期为可决策变量的模型。郑大昭（Cheng，1990）作为先行者研究了 n 个工件最小化延误工件数量问题，同时交货期只有一个且是可决策变量，即 $1 \parallel \sum_{j=1}^{n} (\beta d + \alpha U_j)$，并设计了一个时间复杂度为 $O(n \log n)$ 的多项式时间算法。他们发现了两个对后续拓展研究非常重要的

性质：一是交货期一定等于某个工件的完工时间；二是这个特殊的工件可以通过表达式 $p_j \leqslant \alpha/(n\beta) \leqslant p_{j+1}$ 确定。德等（De et al.，1991）、卡尔巴赫和郑（Kahlbacher and Cheng，1993）拓展了郑大昭（Cheng，1990）的研究，且给出了一个更加简洁的算法。他们的模型增加了不同的工件具有不同的延误权重这一约束，即 $1 \| \sum_{j=1}^{n} (\beta d + \alpha_j U_j)$。他们的研究结果表明，可以直接将满足 $p_j \leqslant \alpha_j/\beta n$ 的工件记为准时工件，否则为延误工件，交货期就等于所有准时工件的加工时间之和，从而简单解决这一问题，算法时间复杂度为 $O(n)$。与交货期为不可决策变量时类似，随后的研究者们针对 $1 \| \sum_{j=1}^{n} (\beta d + \alpha_j U_j)$，考虑越来越多的环境约束，做了很多拓展工作，例如，施泰纳和张（Steiner and Zhang，2011）、拉斯蒂－巴尔扎克和赫加齐（Rasti-Barzoki and Hejazi，2013）将工件加工完成后的配送流程引入模型，赵传立（Zhao，2016）将工件释放时间 r_j 引入问题等。通常此类型问题都较为复杂，一般为 NP-hard 问题。由于模型关注点不同，我们不再对此类研究作过多介绍，接下来我们将对研究工作围绕可变加工时间的问题作一个整理，这也是本书研究围绕的主题。

比斯卡普和杨克（Biskup and Jahnke，2001）拓展了郑大昭（Cheng，1990）的工作，他们假设机器的速率可以通过一定的资源供给 u 得到提升，即增加资源供给后，所有的工件实际加工时间从 p_j 变为 $p_j(1-u)$。此时，还需要决策一个共同的交货期 d，目标函数中除了延误工件的数量也增加了资源的成本。由于资源投入带来的影响对所有的工件都是完全一样的，因此，该问题实际上可以分成两步解决，第一步先解决不带资源的问题，第二步考虑资源的影响，最终他们提出了一个 $O(n \log n)$ 的多项式时间算法来求解此问题。伍等（Ng et al.，2003）进一步一般化比斯卡普和杨克（Biskup and Jahnke，2001）的模型，他们假设相同的资源对每一个工件的影响不一致，即 $p_j(u) = p_j - a_j u$，他们给出了时间复杂度为 $O(n^2 \log n)$ 的算法。沙布泰和施泰纳（Shabtay and Steiner，2007）继续拓展此方面的工作，他们的模型中可以决策每一个工件各自的资源投入量且资源对不同工件的效果不同，最后工件具有不同的延误权重。他们需要决策的变量有交货期的大小、每个工件的资源投入量、工件的加工顺序，总优化的目标为 $Z = \sum_{j=1}^{n} \alpha_j U_j + \beta \sum_{j=1}^{n} d + \gamma C_{\max} + \sum_{j=1}^{n} v_j u_j$，其中 u_j 为使用的资源总量，v_j 为资源的单位成本。他们考虑了工件实际加工时间与资源投入的关系分别为线性和凸函数两种情形下的调度问题 $[p_j(u_j) = p_j - a_j u_j,\ p_j(u_j) = (w_j/u_j)^k]$，对每一种情况他们都找到了多项式时间最优算法。莱万德等（Leyvand et al.，2010）在沙布泰和施泰纳（Shabtay and Steiner，2007）的基础上，针对工件加工时间与资源之间为凸函数关系的模型，提出了一个统一的框架方法，可以解决多种与交货期有关的调度问题。

戈登和塞维奇（Gordon and Strusevich，2009）将与位置相关的恶化效应引入 $1\ |\ p_{jr} = p_j r^a\ \text{or}\ p_{jr} = p_j b^{r-1},\ a > 0,\ b > 1\ |\ \beta d + \sum_{j=1}^{n}(\gamma E_j + \alpha_j U_j)$，并为此设计了 $O(n^2)$ 的动态规划算法，问题中的 $E_j = \max\{0,\ d - C_j\}$。李等（Li et al.，2011）将戈登和塞维奇（Gordon and Strusevich，2009）中的与位置相关的恶化效应替换为与开始加工时间有关的恶化效应引入 $1\ |\ p_j = a_j + bt\ |\ \beta d + \sum_{j=1}^{n}(\gamma E_j + \alpha_j U_j)$，并为此设计了 $O(n^4)$ 的多项式时间算法。赵等（Zhao et al.，2014）继续一般化了李等（Li et al.，2011）的问题，研究了 $1\ |\ p_j = a_j + b_j t\ |\ \beta d + \sum_{j=1}^{n} \alpha_j U_j$，他们证明了此问题是一个 NP-hard 的问题，并给出了两种伪多项式时间的动态规划算法和一个完全多项式时间的近似方案（FPTAS）。出乎我们的意料，当考虑与位置相关的学习效应模型且交货期可决策时，相关的研究较为有限。库拉马斯（Koulamas，2011）研究了一系列优化目标与加权延误工件数量有关的单机调度问题，其中交货期为可决策变量。他们发现只要目标函数可以通过整理转换成一定的形式，即可以使用他们提出的一个统一的动态规划求解框架来解决，该算法运行时间复杂度为 $O(n^2)$。整理后的目标函数需要满足 $TC(l^*) = \sum_{j=1}^{l^*} \zeta_{[j]} p_{[j]} + \sum_{j=l^*+1}^{n} \alpha_j$ 的形式，其中，l^* 是准

时完工工件的数量，$[j]$ 表示序列中第 j 个位置，$p_{[j]}$ 为第 j 个位置上工件的实际加工时间，$\zeta_{[j]}$ 是在 $j \leq l^*$ 时，与位置相关但是与特定工件无关的经整理后的工件 $J_{[j]}$ 对目标函数的贡献（即位置权重），$\alpha_{[j]}$ 是在 $j > l^*$ 时，仅与工件相关的工件 $J_{[j]}$ 对目标函数的贡献（即延误权重）。该研究详细展示了单机情况下，目标函数为最小化交货期成本加上加权延误工件数量时的以下三个问题：具有与已加工序列相关的准备时间（past-sequence-dependent setup times）的调度问题、与位置相关的学习效应问题以及目标函数中额外包含提前完工量（earliness costs）的问题。钱和施泰纳（Qian and Steiner, 2013）拓展了戈登和塞维奇（Gordon and Strusevich, 2009）的工作，对一系列最小化加权延误工件数量单机调度问题展开了研究。他们考虑了多种加工时间可变模型，包括学习效应、恶化效应、与开始时间相关的加工时间，以及它们的组合模型，工件具有不同的权重，同时还需要决策一个共同的交货期。对一般的问题他们利用指派方法给出了 $O(n^4)$ 的求解方法，对于其中的一些特例，他们使用动态规划方法给出了 $O(n^2)$ 的求解方法。

关于诱导学习效应的有关研究现状，前文已经做了相关的综述。通过前面的文献综述，我们可以看到关于交货期和延误工件数量的研究较为丰富，但当交货期可决策且包含学习效应时，相关的研究却非常稀少。本书第 3 章的工作一方面补充了此类研究，另一方面的主要贡献也在于将从现实生产管理中抽象出来的诱导学习引入传统的 $1 \| \sum U_j$ 调度模型，探索它对经典问题的影响，而且研究结果也对实际生产管理有一定的启发。第 3 章的工作可以简要概括为研究交货期可决策情形下，工件具有不同的延误权重，同时参考比斯卡普和西蒙斯（Biskup and Simons, 2004）的文章，考虑具有自主学习和诱导学习效应的加工时间模型，优化目标为最小化加权延误工件的数量、交货期成本和诱导学习成本之和。本书在表 1 - 3 中列出了与第 3 章研究问题相关的主要参考文献和本章的主要结果。从表中整理的结果可以发现我们提出的算法时间复杂度相对较高，这主要是因为我们的研究中包含了诱导学习效应，为了控制诱导学习效应带来的影响算法

付出了一定的代价。

表 1 -3　　　　　　　　主要相关文献整理和主要研究结果

问题	复杂性	求解算法	参考文献
$1 \mid p_j,\ d_j \mid \sum_{j=1}^{n} U_j$	$O(n\log n)$	摩尔算法	Moore(1968)
$1 \mid p_{jr} = p_j r^a,\ d_j = d \mid \sum_{j=1}^{n} U_j$	$O(n^3 \log n)$	指派问题	Mosheiov and Sidney(2005)
$1 \mid p_j \mid \sum_{j=1}^{n} (\alpha U_j + \beta d)$	$O(n\log n)$	算法	Cheng(1990)
$1 \mid p_j \mid \sum_{j=1}^{n} (\alpha_j U_j + \beta d)$	$O(n)$	算法	De et al. (1991)
$1 \mid p_{jr} = p_j r^a \mid \sum_{j=1}^{n} (\alpha_j U_j + \beta d)$	$O(n^2)$	动态规划	Koulamas(2011)
$1 \mid p_{jr} = p_j r^{\log2[(1-x)z]} \mid \sum_{j=1}^{n} (\alpha_j U_j + \beta d) + k(x)$	$O(n^5)$	算法 3.2	本书第 3.4.2 节

1.3.4　带有分组加工和交货期窗口决策问题的研究现状

调度在生产制造系统中起着重要作用。它在工业中的重要性和相关性吸引了许多研究人员的注意力，并引发了非常多的涉及实际制造不同方面的调度问题。本书第 4 章结合了调度理论中的三个热门主题：成组加工、交货期窗口和学习效应展开了研究。尤其特别的是本章引入了过去调度研究几乎没有涉及的诱导学习效应。接下来我们将对涉及的研究主题做简要的介绍。

分组加工技术广泛用于制造系统中以提高生产率。通过识别不同产品的相似特征并将它们分类以利用它们的相似性，然后配置机器并将其专用于特定组的生产，可以提高运营效率（参见：Mitrofanov，1966；Ham et al.，1985；Cheng et al.，2008）。通过数十年的应用，管理人员发现了分组加工技术的许多优点。例如，简化了同一组中不同工件之间的切换，从而减少了安装成本和时间；同时，减少了任务的多样性，因此简化了工人培训等（Rana and Singh, 1994；Webster and Baker, 1995；Wu and Lee, 2008；Wu et al., 2008）。将调度问题与分组加工技术结合起来的研究，需要确定组内的工件加工顺序以及分组本身的加工顺序。

在实际操作中，工人将在执行重复性任务的过程中不断提升自己的技能和效率。因此，越是排在后面加工的工件，它的加工时间变得越短。这种现象在研究中被称为学习效应（Wright, 1936），并被归为自主学习效应（Biskup, 2008），即边做边学。考虑学习效应的调度问题收到了相当多的研究者的关注。有关此主题的不同模型和问题的研究综述，读者可以参考阿利代和沃默（Alidaee and Womer, 1999）、郑等（Cheng et al., 2004）、比斯卡普（Biskup, 2008）和阿佐兹等（Azzouz et al., 2018）。学习效应总是伴随着一系列类似工件的重复加工的本质凸显了将学习效应纳入分组加工调度的合理性。同时，在各种机器加工环境和性能指标下的调度研究中检验学习效应也很重要，因此，同时涉及分组加工和学习效应的研究较多（Kuo and Yang, 2006；Yang and Chand, 2008；Lee and Wu, 2009；Yan et al., 2009；Yang and Yang, 2010a, 2010b, 2011；Zhang and Yan, 2010；Yang, 2011；Zhu et al., 2011；Bai et al., 2012；Kuo, 2012；Pan et al., 2014；Yin et al., 2014；Qin et al., 2016；Liao et al., 2017；Yu et al., 2017；Fan et al., 2018；Zhang et al., 2018；Liao et al., 2020；Sun et al., 2020；等等）。

最近，陈等（Chen et al., 2021）根据比斯卡普和西蒙斯（Biskup and Simons, 2004）的研究，将诱导学习效应引入一些经典的调度问题中。关于诱导学习效应的有关研究现状，由于第 1 章已经做了相关的综述，本章节不再重复。综述研究表明，学习不仅源于重复劳动，也与管理层采取的行动有密切关系。在自主学习发挥作用的时候，诱导学习也背后支持和加速了自主学习。这里的诱导学习效应，需要一些资源的投入，是通过一系列精细安排的旨在提升工作人员效率的管理活动来实现的。这些管理活动可能包括专业培训计划、与工作有关的指导、生产环境或过程的变更、激励计划等。

　　随着准时制造（JIT）在生产制造行业的推广，带有交货期和交货期窗口的调度问题已成为相关领域的热门研究主题。对于 JIT 生产管理环境，工件早于或晚于交货期完工都会受到惩罚。交货期窗口是经典的交货期的推广。如果作业在此时间窗口内完成，则不会施加任何惩罚。在窗口之前或之后完成工作才会受到惩罚（Janiak et al.，2015）。在经典的调度问题研究中，交货期或交货期窗口是预先分配的参数。但是，在许多实际情况中，它们是在销售谈判期间确定的，而不是由客户简单地决定的（Cheng et al.，2007；Gordon et al.，2012；Yin et al.，2016）。显然的是，较大的窗口增加了供应商的生产和交付灵活性。但是由于较大的到期窗口意味着准时性的降低，因此也会降低供应商的竞争力和客户服务水平。

　　在过去的 20 年中，涉及交货期窗口分配的调度问题已受到相当多的关注，相关的综述有詹基亚等（Janiak et al.，2013；Janiak et al.，2015）。但是，同时包含了分组加工和交货期窗口的调度问题尚未得到广泛关注。笔者仅发现了很少一些研究结果。贝纳米安等（Behnamian et al.，2010）研究了混合流水车间中同时包含分组加工和交货期窗口的调度问题，并且分组之间的转换时间是与分组顺序相关的。他们假设每个分组都有一个预先指定的交货期窗口。目的是使提前和延后惩罚的总和最小化。他们采用混合元启发式算法解决了该问题。季等（Ji et al.，2014）考虑了分组中每一个工件都有一个与自己相关的交货期窗口的调度问题。目的是使总的提前和延后惩罚以及窗口开始时间和窗口大小相关的成本最小化。从一系列的分析中他们发现组内工件的加工顺序和组间的加工顺序不受彼此影响。据此他们提出了一个多项式时间最优算法来解决该问题。李和赵（Li and Zhao，2015）、季等（Ji et al.，2016）将季等（Ji et al.，2014）的工作扩展到多交货期窗口分配问题，其中每个组将可能有多个交货期窗口。他们最终都提供了多项式时间最优算法来解决问题。刘（Liu，2015）研究了分组加工环境中的两个单机调度问题，涉及交货期窗口分配以及学习效应。其中一个问题目标函数是常见的提前延后惩罚函数，另一个则包含了加权延后工件数量，他们为这两个问题提出了多项式时间算法。廖等（Liao et al.，2017）提出了一种针对分组加工调度问题的遗传算法，他们研究的问题包含了交货期窗口和维护活动以及对工件的加工时间和组间转换时间有影响的学习和遗忘效应。

据本书所知，只有刘（Liu，2015）在他们研究的问题中考虑了包含时间窗口决策和学习效应的分组调度问题。但不幸的是，我们对论文的一些性质并不认同。刘（Liu，2015）通过其研究中的算法 1 和定理 3.3 分别确定每个组内的工件加工顺序和分组加工顺序。实际上这两个序列的排序是相互影响的，这可以从该研究的公式（17）中观察到。该研究的结论所依据的基础性质出现了错误，因而也会导致他们的最终结果不再可靠。孙等（Sun et al.，2020）研究了每个工件都有独自交货期和学习效应以及资源分配的分组调度问题，但在处理组内和组间加工顺序时也出现了类似的错误。因此，本书第 4 章研究的目的一方面是丰富关于诱导学习效应相关的研究，另一方面也是提供一种解决具有分组交货期窗口决策和学习效应的调度问题的算法。这一章同时考虑了分组加工技术、交货期窗口决策、自主以及诱导学习效应。我们在表 1 - 4 中列出了与第 4 章研究问题相关的主要参考文献和本章的主要结果。

表 1 - 4 　　　　　　　　　　主要相关文献整理和主要研究结果

问题	复杂性	求解算法	参考文献
$1 \mid GT, \ p_j, \ \text{due date} \mid \sum\limits_{i=1}^{m} \sum\limits_{j=1}^{n_i} (\alpha_i E_{ij} + \beta_i T_{ij} + \gamma_i d_i + \delta_i C_{ij})$	$O(n \log n)$	算法	Li et al. (2011)
$1 \mid GT, \ p_j, \ \text{due window} \mid \sum\limits_{i=1}^{m} \sum\limits_{j=1}^{n_i} (\alpha_i E_{ij} + \beta_i T_{ij} + \gamma_i d_i^1 + \delta_i D_i)$	$O(n \log n)$	算法	Ji et al. (2014)
$1 \mid p_{jr} = p_j r^a, \ \text{due date} \mid \sum\limits_{j=1}^{n} (\alpha E_j + \beta T_j + \gamma d)$	$O(n^3)$	指派问题	Mosheiov (2001a)
$1 \mid p_{jr} = p_j r^{\log2[(1-x)z]}, \ \text{due date} \mid \sum\limits_{j=1}^{n} (E_j + T_j) + k(x)$	$O(n^3)$	算法	Biskup and Simons(2004)
$1 \mid GT, \ p_{ijr} = p_{ij} r^{\log2[(1-x)z]}, \ \text{due window} \mid \sum\limits_{i=1}^{m} \sum\limits_{j=1}^{n_i} (\alpha_i E_{ij} + \beta_i T_{ij} + \gamma_i d_i^1 + \delta_i D_i) + k(x)$	$O(n^2 \log n)$	算法 4.1	本书第 4.4.2 节

1.4　本书的研究内容和创新点

目前在生产调度领域针对学习效应模型的研究文献众多，然而其中的学习效应模型主要来自经管领域有关学习理论模型中的自主学习效应概念，即学习效应来自重复的劳动中获得的经验积累，从而获得了生产效率的提升。而在经管领域中还有另一种思路：诱导学习效应，即通过科学的管理活动也可以促进生产率的提升，在实际生产过程中往往两种学习效应同时存在。

本书围绕双重学习效应模型，分别研究了单机和平行机环境下以最大完工时间、总完工时间以及总完工时间误差度为优化目标的调度问题、最小化总加权延误工件数量调度问题以及成组加工下的交货期时间窗决策调度问题。对于其中多项式时间可解的问题给出了多项式时间内的最优算法，对于 NP-hard 问题则给出了近似算法。

本书的创新主要有两方面：一方面，是模型上的拓展；另一方面，主要是方法上的创新。具体描述如下：

（1）大多数调度问题聚焦于生产过程自身的优化，实际上，企业管理活动与生产过程息息相关，例如，企业对员工培训、进行设备升级等可以帮助员工获得更好的学习效率，从而影响生产制造过程。比斯卡普和西蒙斯（Biskup and Simons，2004）基于此提出了调度领域的诱导学习效应模型。本书的研究贡献之一在于将此诱导学习模型应用到了多类经典调度问题中，丰富了这一模型的研究。

（2）本书在具体研究中有多个理论上的创新点：

首先，在本书第 2 章的研究工作中，针对平行机加工环境下极小化最大完工时间的问题（NP-hard 问题），在给定诱导学习率时，我们得到了一个完全多项式时间的近似方案。并且，在设计近似方案过程中对原始方法做了小的改进，放松了对其使用条件的限制。

其次，针对本书第3章的研究工作，即极小化总加权延误工件数量的问题，我们发现并证明了一系列并不直接，甚至较为复杂的性质，这些性质在以往的调度文献中也并未被发现过。并且，基于这些性质，设计了相应的多项式时间最优算法，具有一定的创新性。

最后，针对本书第4章的研究工作，即成组加工相关的交货期时间窗分配的问题，我们设计了算法4.1。与此同时，我们给出了一种改进算法可以降低问题求解的时间复杂度，见定理4.2。并且，这种改进的思路也可以改进比斯卡普和西蒙斯（Biskup and Simons，2004）所提出的算法时间复杂度。

1.5 本书章节组织框架

本书共六章，其结构和主要内容如下：

第1章为绪论。首先，介绍了本书的研究背景和意义，指出生产调度研究作为智能制造的关键技术对我国实现制造业转型升级的重要性；并介绍了调度的概念、分类、优化目标以及一般的求解方法，然后提出本书的研究重点——学习效应。其次，对学习效应相关的理论来源和发展现状做了综述研究，先介绍了几种经管领域经典的学习效应模型，然后总结了调度领域常用的几种学习效应模型。最后，介绍了本书研究的主题——诱导学习效应的背景和研究现状。章节最后点出本书的主要贡献和创新之处。

第2章为双重学习效应对三个经典调度目标函数的影响。分别研究了单机和平行机环境下最大完工时间、总完工时间以及总完工时间误差度三个优化目标，当然目标函数需要额外加上诱导学习效应的成本。模型中工件的实际加工时间与加工位置相关且受到投入资源的影响，我们需要决策工件的加工顺序和诱导学习率。我们发现对单机最大完工时间、总完工时间来说，诱导学习对最优求解方法没有影响，SPT规则依然是最优的；然而诱导学习却会影响其他几个问题的最优求解方法，我们分析发现了控制诱导学习效应的方法，并设计了对应的多项式时间最优算法或近似算法。同时我们还考虑了满足一致条件下的总加权完工时间和最大延误时间这两个问题，分别设计了对应的多项式时间最优算法。

第 3 章为双重学习效应下最小化总加权延误工件数量的问题。模型中工件的实际加工时间受自主学习和诱导学习的双重影响，问题中除了需要决策工件的加工顺序和诱导学习率之外，我们还需要决策一个共同的交货期。在交货期之后完成的工件记为延误工件，并且有一个与之相关的惩罚权重，本章考虑每一个工件的权重各不相同的情形。目标函数包含以下三个部分：交货期成本、总加权延误工件数量、投资成本。我们首先分析了诱导学习率给定时的问题，对此构造了一个动态规划求解算法。当诱导学习率可决策时，我们先对目标函数进行变换，利用集合划分的思路，通过细致分析，得出了一系列新颖且有效的性质，并借助动态规划算法最终设计了一个多项式时间的最优算法。

第 4 章研究了双重学习效应下带有分组加工和交货期窗口决策的问题。问题需要同时决策多个变量，包括工件和分组的加工顺序以及诱导学习率，同时还需要为每一个分组决策一个交货期时间窗。问题中在交货期之前完工的工件有一个提前惩罚，交货期之后的工件也有一个延误惩罚，惩罚与提前或延误时间的大小有关。目标函数包含与交货期窗口相关的成本和投资成本两部分。我们首先分析了分组时间窗的可能情形，然后提出了时间窗的确定方法，并根据问题参数分为三种情形，针对每一种情形我们给出了目标函数的表达式。最后，我们参考本书第 3 章中控制诱导学习效应的方法，提出了一种多项式时间的最优算法，并且给出了一种改善算法时间复杂度的方法，采用此方法，已有研究的算法时间复杂度可以得到显著降低。

第 5 章总结与展望。归纳了研究工作的主要结论，指出现有研究的不足之处，并就未来进一步的研究方向进行说明。

本书章节组织框架如图 1 – 3 所示。

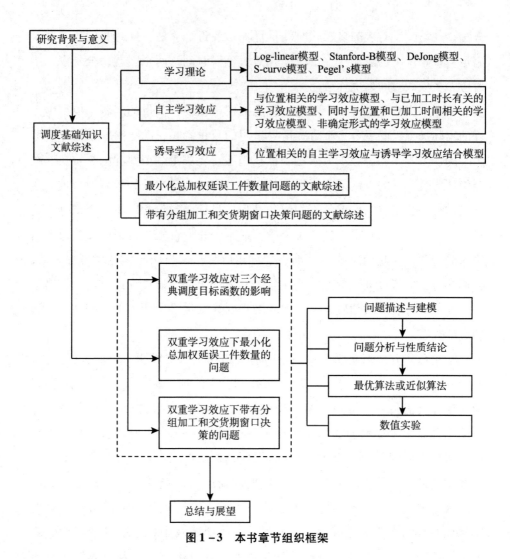

图 1-3 本书章节组织框架

第 2 章

双重学习效应对三个经典
调度目标函数的影响

2.1 引　言

在实际生产操作过程中，工人将在重复操作类似的工作中提高自己的技能和效率。因此，一个工件如果在生产序列中安排的加工时间越晚，通常它的实际加工时间会越短。这种现象在文献中被称为学习效应（Wright，1936）。在过去的 20 多年中，考虑学习效应的调度问题受到了相当多研究者的关注。他们的研究结果表明，学习效应在制造环境中起着重要作用，并确实对生产计划产生积极影响。

比斯卡普（Biskup，2008）将学习效应分为自主学习（即边做边学）和诱导学习（即通过积极资源投入促进学习）。与自主学习效应相比，诱导学习并未得到研究者的关注。大多数涉及学习效应的调度研究考虑的都是自主学习。然而对生产制造业中学习现象进行研究的文献还强调了在技术更迭、知识传播等方面进行积极投资（诱导学习）对学习效应的重要影响。诱导学习效应，需要一些资源的投入，是通过一系列精细安排的旨在提升工作人员效率的管理活动来实现的。这些管理活动包括专业的培训计划、与工作有关的指导、生产环境或过程的变更、激励计划、技术更新等。

比斯卡普和西蒙斯（Biskup and Simons，2004）首先尝试在调度中同时考虑自主学习和诱导学习。然而据我们所知，随后只有两个关于调度的研究同时考虑了自主学习和诱导学习，分别为张等（Zhang et al.，2013）、查和张（Zha and Zhang，2014）。如上所述，在调度中同时涉及自主学习和诱导学习的研究还很少。为了填补这一研究空白，我们在本章中考虑了几个涉及自主学习和诱导学习的经典调度问题。研究的目标是找到最佳的加工顺序和合适的诱导学习率 x，从而极小化调度指标和投资成本之和。我们考虑的调度指标包括最小化最大完工时间、最小化总完成时间、最小化总完工时间误差度、最小化总加权完成时间和最大延误。

本章的其余部分安排如下：在第 2.2 节中，我们详细介绍了本书的调度问题，包括符号和模型公式。在第 2.3 节、第 2.4 节和第 2.5 节中，我们分析了所研究的几个经典调度问题，得到了一些最优调度包含的性质以及最优或近似的求解算法。我们还提供示例来说明算法的工作流程。在第 2.6 节中，我们考虑了一些模型的拓展，并对本章工作进行了总结。

2.2　问题描述和建模

下面将介绍本章节涉及的符号定义，并且在需要的时候我们会引入额外的符号定义。

- J：$\{J_1, J_2, \cdots, J_n\}$，$n$ 个待加工的工件集合。
- M：$\{M_1, M_2, \cdots, M_m\}$，$m$ 台平行机集合。
- p_j：工件 J_j 的标准加工时间，$j = 1, 2, \cdots, n$。
- p_{jr}：工件 J_j 安排在 r 位置加工时的实际加工时间，$r = 1, 2, \cdots, n$。
- C_j：工件 J_j 的完工时间。

- $[r]$：在一个排序计划中，被安排在第 r 个位置。
- x：诱导学习效应中自主学习率的提升百分比。
- z_i：工人的自主学习率，$i = 1, 2, \cdots, m$。
- d_i：工人的诱导学习接受水平。
- $k(x)$：为了实现 x 而需付出的投资成本。
- w_j：工件 J_j 的权重。
- D_j：工件 J_j 的交货期。

接下来将详细介绍我们所研究的问题：共有 n 个工件 $J = \{J_1, J_2, \cdots, J_n\}$ 需要在单机或平行机上加工。不失一般性的，我们假设所有的工件事先已经按照标准加工时间从小到大进行排序，即 $p_1 \leqslant p_2 \leqslant \cdots \leqslant p_n$。所有的机器在同一时刻只能加工一个工件，且加工不可中断，也就是说工件一旦开始就必须连续加工直到完成。在我们所考虑的位置学习效应模型下，由于工人重复劳动积累的经验使他们的效率得到提高，因此一个在加工序列中越靠后的工件，它的实际加工时间越短。数学表达如下：工件 J_j 在加工序列的第 r 个位置进行加工，那么它的实际加工时间为 $p_{jr} = p_j r^{\log_2 z_i}$，$0 < z_i \leqslant 1$。参考比斯卡普和西蒙斯（Biskup and Simons，2004）的工作，我们进一步假设学习率 z_i 可以被初始的资源投入提升。也是就说如果现在工件 J_j 被安排在第 r 个位置进行加工，那么它的实际加工时间为 $p_{jr} = p_j r^{\log_2 [(1-x)z_i]}$，其中 x 表示管理人员希望通过资源投入能够达到学习率的提升，$0 \leqslant x \leqslant x_{\max} < 1$。另外我们还假设工人因自身的特点和能力限制，他们对于资源的投入会有不同的接受能力，也就是说同样的投资或培训对不同的工人会有不同的效果。因此，我们用 $0 < d_i \leqslant 1$ 表示工人的学习能力，那么模型就变为 $p_{jr} = p_j r^{\log_2 [(1 - d_i x)z_i]}$。为了实现提升水平 x 而付出的额外成本为 $bk(x)$，即投资成本，它是在区间 $[0, x_{\max}]$ 上的单调递增凸函数。需要指出的是如果将此模型应用于单机器环境并且令 $d_i = b = 1$，则该模型与比斯卡普和西蒙斯（Biskup and Simons，2004）中的模型相同。问题的优化目标是在单机和并行机环境下分别极小化投资成本和最大完工时间、总完工时间以及总完工时间误差度（total absolute differences in completion times，TADC）之和。使用格雷厄姆等（Graham et al.，1979）提

出的三划分表示法，我们所研究的问题可以表示如下：

$$1\,\big|\,p_{jr} = p_j r^{\log_2[(1-dx)z]}\,\big|\,C_{\max} + bk(x)$$

$$1\,\big|\,p_{jr} = p_j r^{\log_2[(1-dx)z]}\,\big|\,\sum C_j + bk(x)$$

$$1\,\big|\,p_{jr} = p_j r^{\log_2[(1-dx)z]}\,\big|\,\text{TADC} + bk(x)$$

$$P_m\,\big|\,p_{jr} = p_j r^{\log_2[(1-d_ix)z_i]}\,\big|\,C_{\max} + bk(x)$$

$$P_m\,\big|\,p_{jr} = p_j r^{\log_2[(1-d_ix)z_i]}\,\big|\,\sum C_j + bk(x)$$

$$P_m\,\big|\,p_{jr} = p_j r^{\log_2[(1-d_ix)z_i]}\,\big|\,\text{TADC} + bk(x)$$

此外，我们还研究了单机环境下极小化投资成本和总加权完工时间之和以及投资成本和最大延误之和这两个经典的调度目标函数，令 AR 表示权重和交货期与工件标准加工时间服从一致关系（agreeable ratio），问题如下所示：

$$1\,\big|\,p_{jr} = p_j r^{\log_2[(1-dx)z]},\ \text{AR}\,\big|\,\sum w_j C_j + bk(x)$$

$$1\,\big|\,p_{jr} = p_j r^{\log_2[(1-dx)z]},\ \text{AR}\,\big|\,L_{\max} + bk(x)$$

由于调度指标和投资成本具有不同的度量单位，因此在这里我们用 b 来进行调和。对于每个问题，我们的目标是寻求找到使总成本最小的工件加工序列 π^* 和最佳学习提升水平 x^*。

2.3 单机问题

下面先给出一个对我们后面的排序起到重要作用的引理。

引理 2.1：给定两个等长的非负序列 x_i 和 y_i，两个序列中的元素一一相乘 $\sum_{i=1}^n x_i y_i$，那么当一个序列从小到大排序且另一个从大到小排序时，即排序方法相反时取得最小值；两个序列排序方法相同时取得最大值。

证明：证明见哈迪等（Hardy et al.，1967）的第 261 页。**证毕**。

2.3.1 最大完工时间及总完工时间

这两个目标函数分别具有一定的实际指导意义，其中最小化最大完工时间（$C_{\max}$）的意义在于可以使得机器的利用率得到提高，而最小化总完工时间（$\sum C_j$）的意义在于可以使得总的等待时间或库存成本降低。

对于问题 $1\,|\,p_{jr} = p_j r^{\log_2[(1-dx)z]}\,|\,C_{\max} + bk(x)$ 来说，优化目标为最小化最大完工时间与投资成本之和，其中最大完工时间等于机器上最后一个完成加工的工件的完工时间，也即所有工件的实际加工时间之和，如图 2 – 1 所示。

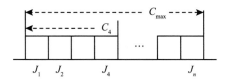

图 2 – 1 单机目标函数

根据前文定义的双重学习效应下的工件实际加工时间模型，我们可将目标函数 $C_{\max} + bk(x)$ 转化为如下表达式：

$$f_1(\boldsymbol{\pi},\, x) = \sum_{r=1}^{n} p_{[r]} r^{\log_2[(1-dx)z]} + bk(x) \qquad (2-1)$$

同理，我们可以将问题 $1\,|\,p_{jr} = p_j r^{\log_2[(1-dx)z]}\,|\,\sum C_j + bk(x)$ 的优化目标函数转化为如下的表达式：

$$f_2(\boldsymbol{\pi},\, x) = \sum_{r=1}^{n} (n - r + 1) p_{[r]} r^{\log_2[(1-dx)z]} + bk(x) \qquad (2-2)$$

显然，最大完工时间和总完工时间都随 x 增大而减小。换句话说，工作效率随着学习效应的增加而提高。但是，投资成本 $k(x)$ 是关于 x 的非递减函数，所以问题的关键是找到一个合适的 x，在最大完工时间/总完工时间与投资成本之间取得一个均衡。我们接下来首先给出两个最优解所具有的性质。

性质 2.1：对于问题 $1 | p_{jr} = p_j r^{\log_2[(1-dx)z]} | C_{\max} + bk(x)$ 和 $1 | p_{jr} = p_j r^{\log_2[(1-dx)z]} | \sum C_j + bk(x)$，存在这样一个最优解，在整个可行区间 $[0, x_{\max}]$ 内它的加工顺序是按照工件的标准加工时间从小到大进行排序的，即 $p_{[1]} \leqslant p_{[2]} \leqslant \cdots \leqslant p_{[n]}$。

证明：通过公式（2-1）和公式（2-2）我们可以看到目标函数的主要部分 $r^{\log_2[(1-dx)z]}$ 和 $(n-r+1)r^{\log_2[(1-dx)z]}$ 在可行区间内整体都是随着 x 的增大而减小的，因而序列中位置权重之间的大小关系不会随着 x 的变化而变动，位置权重从第一个位置到最后一个位置逐渐减小。因此，根据引理 2.1，工件的加工顺序应按标准加工时间从小到大进行。**证毕**。

性质 2.2：如果工件按照从小到大进行排列，那么公式（2-1）和公式（2-2）在可行区间 $[0, x_{\max}]$ 内是一个关于 x 的凸函数。

证明：如果工件已经按照从小到大进行排序，那么公式（2-1）和公式（2-2）可以重新写为：

$$f_1(\pi, x) = \sum_{r=1}^n p_r r^{\log_2[(1-dx)z]} + bk(x)$$

$$f_2(\pi, x) = \sum_{r=1}^n (n-r+1)p_r r^{\log_2[(1-dx)z]} + bk(x)$$

令

$$f_1(\pi, x) = \sum_{r=1}^n h_1(x) + bk(x)$$

$$f_2(\pi, x) = \sum_{r=1}^n h_2(x) + bk(x)$$

我们有

$$h_1''(x) = p_r(\log_2 r) r^{\log_2[(1-dx)z]} \frac{d^2}{(dx-1)^2}(\log_2 r - 1)$$

如果 $r=1$ 或 $r=2$，那么 $h_1''(x) = 0$。如果 $r > 2$，那么 $h_1''(x) > 0$。容易得到 $h_2''(x) = (n-r+1)h_1''(x)$ 也是非负的。因此 $\sum_{r=1}^n h_1(x)$ 和 $\sum_{r=1}^n h_2(x)$ 都是凸

函数。另外根据前文的定义 $k(x)$ 也是一个凸函数且 b 是一个正的参数，因此公式（2-1）和公式（2-2）在可行区间内也是凸函数。**证毕**。

换句话说，通过以上两个性质我们可以通过两步操作获得最优解。首先，我们按性质 2.1，将工件从小到大进行排序；然后根据性质 2.2，我们通过目标函数的一阶导性质获得最优的 x。

2.3.2 总完工时间误差度

对于问题 $1 \mid p_{jr} = p_j r^{\log_2[(1-dx)z]} \mid \text{TADC} + bk(x)$ 来说，优化总完工时间误差度的意义在于使得工件间的完工时间尽可能地接近，这一方面体现出一定程度的公平性，另一方面也可能符合某些特殊生产场景下的要求。我们首先将目标函数进一步整理，可得：

$$f(\boldsymbol{\pi}, x) = \sum_{j=1}^{n} \sum_{k=j}^{n} \mid C_j - C_k \mid + bk(x)$$

$$= \sum_{r=1}^{n} (r-1)(n-r+1) p_{[r]} r^{\log_2[(1-dx)z]} + bk(x) \qquad (2-3)$$

与上一节中的问题不同，此处我们发现 x 的变化会引起此问题排序发生变化。令 $\delta(r) = (r-1)(n-r+1)$，可得 $\delta'(r) = n-2r+2$，这意味着当 $r \in [1, n/2+1]$ 时，$\delta'(r) \geqslant 0$，即此时 $\delta(r)$ 关于 r 递增。当 $r \in [n/2+1, n]$ 时，$\delta'(r) \leqslant 0$，即此时 $\delta(r)$ 关于 r 递减。因此，$\delta(r)$ 在此问题中不再维持单调性。事实上，这也意味着位置权重 $(r-1)(n-r+1)$ $r^{\log_2[(1-dx)z]}$ 的大小关系会随着 x 的变化而发生变化，结果就导致了排序发生变动。

我们这里给了一个包含 5 个工件的小例子来展示这种变化，结果显示在图 2-2 中。图 2-2 显示了位置权重大小的关系随着 x 的变化而改变，并且任意两个位置权重的曲线最多有一个交点。

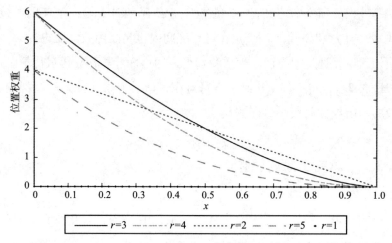

图 2-2 $x \in [0, 1]$, $d = s = 1$, $n = 5$ 时的位置权重 $(r-1)(n-r+1)r^{\log_2[(1-dx)z]}$

受到图 2-2 的启发，我们想到如下的方法来解决位置权重的大小关系随着 x 的变化而发生变化的问题。首先，我们将可行区间划分为一系列子区间，我们希望在每一个子区间内位置权重的关系稳定不变，然后就可以依据引理 2.1 来安排工件的加工。子区间通过如下的方法进行寻找，我们令这 n 个位置权重两两相等，然后在可行区间 $[0, x_{\max}]$ 内求解等式找到可行解，并且我们可以证明任意位置权重两两相等最多只有一个可行解。简单证明如下，令 r_1, $r_2 = 1$, 2, $\cdots$, n, $r_1 \neq r_2$, 我们有：

$$(r_1 - 1)(n - r_1 + 1)r_1^{\log_2[(1-dx)z]} = (r_2 - 1)(n - r_2 + 1)r_2^{\log_2[(1-dx)z]}$$

整理后可得：

$$\left(\frac{r_1}{r_2}\right)^{\log_2[(1-dx)z]} = \frac{(r_2 - 1)(n - r_2 + 1)}{(r_1 - 1)(n - r_1 + 1)}$$

等式左端是一个关于 x 单调变化的指数函数，等式右端是一个常数，因此，最多有一个 x 满足等式。所以所有位置权重两两相等后，求得的 x 最多将可行区间划分为 $n(n-1)/2 + 1$ 个子区间（实际上可能远远小于此数目），我们将这些子区间记为 $[0, \hat{x}_1]$, $[\hat{x}_1, \hat{x}_2]$, $\cdots$, $[\hat{x}_T, x_{\max}]$。在每一个子区间内，位置权重之间的大小关系稳定，不受诱导学习变化的影响。依据这一结果，我们给出了问题的算法，见算法 2.1。

算法 2.1

步骤 1：列出 n 个位置权重的表达式 $(r-1)(n-r+1)r^{\log_2[(1-dx)z]}$ $(r=1, 2, \cdots, n)$。令它们两两相等，找到所有可能的交点 $\hat{x}$。将找到的 $\hat{x}$ 从小到大进行排列，即 $\hat{x}_1 \leqslant \hat{x}_2 \leqslant \cdots \leqslant \hat{x}_T$。这些值将会把可行区间划分为 $T+1$ 个子区间，即 $[0, \hat{x}_1]$，$[\hat{x}_1, \hat{x}_2]$，$\cdots$，$[\hat{x}_T, x_{\max}]$。

步骤 2：令 $l=1$，$f_{\min}=Q$（Q 是一个足够大的数）。

步骤 3：对于第 l 个子区间 $[\hat{x}_{l-1}, \hat{x}_l]$：首先我们要决定工件在此区间内的加工顺序，方法如下：从区间 $(\hat{x}_{l-1}, \hat{x}_l)$ 内任选一个 x，$(\hat{x}_0=0, \hat{x}_{T+1}=x_{\max})$。然后计算 n 位置权重 $(r-1)(n-r+1)r^{\log_2[(1-dx)z]}$ 的大小。接下来依据引理 2.1 确定工件的加工顺序。在确定了加工顺序后，目标函数 $f(x)$［见公式 $(2-3)$］在当前区间内就变为一个关于 x 的凸函数。我们可以很快速地通过 $f(x)$ 的一阶导性质找到最优的 $\bar{x}$。如果当前最优值 $f_{\text{local}}(\bar{x}) < f_{\min}$，那么就令 $f_{\min}=f_{\text{local}}(\bar{x})$，$x^*=\bar{x}$。如果 $l=T+1$，跳转到步骤 4，否则令 $l=l+1$，跳转到步骤 3。

步骤 4：输出最优的加工顺序，诱导学习率以及最终的目标函数值。

定理 2.1：算法 2.1 可以在 $O(n^3 \log n)$ 多项式时间复杂度内求解 $1|p_{jr} = p_j r^{\log_2[(1-dx)z]}|\text{TADC} + bk(x)$。

证明：在步骤 1 我们共有 $n(n-1)/2+1$ 对位置权重需要求解，每对位置权重最多有一个交点，最多产生 $n(n-1)/2+1$ 个交点，对它们排序耗时 $O(n^2 \log n)$。并且产生了最多 $n(n-1)/2+1$ 个子区间，根据步骤 3 我们在每一个子区间内耗时 $O(n \log n)$。因此，算法 2.1 的最终时间复杂度为 $O(n^3 \log n)$。证毕。

2.4　平行机问题

在本节的平行机环境下共有 m 台相同的并行机和 n 个工件需要安排加工。如前所述，在并行机环境下因为每个工作人员都负责一台机器，我们使用下标 i 来表示不同的工作人员，所以之后每台机器都由操作此机器的工作人员的索引符号来表示。

2.4.1　最大完工时间

对于问题 $P_m \mid p_{jr} = p_j r^{\log_2[(1-d_i x) z_i]} \mid C_{\max} + bk(x)$ 来说，此时 n 个工件可以由 m 台机器同时加工。由于存在多台机器同时加工，此时多台机的最大完工时间 $C_{\max}$ 就定义为最后一个完成加工的机器上的最大完工时间，如图 2-3 所示。此时最小化最大完工时间一方面可以使得各机器上的负载得到均衡，另一方面也使得机器的利用率得到提高。

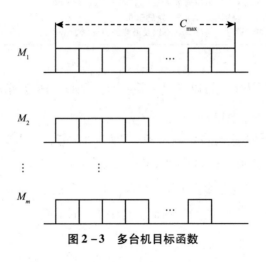

图 2-3　多台机目标函数

我们首先给出如下的定理。

定理 2.2： $P_m \mid p_{jr} = p_j r^{\log_2[(1-d_i x) z_i]} \mid C_{\max} + bk(x)$ 是一个 NP-hard 问题，并且当给定一个诱导学习率 x 时，问题存在一个完全多项式时间近似方案（FPTAS）。

证明： 季等（Ji et al.，2015）的研究结果表明问题 $P_m \mid p_{jr} = p_j [R + (1 - R) r^a] \mid C_{\max}$ 是一个 NP-hard 问题，并且存在一个完全多项式时间近似方案。通过简单的归纳推理可知，$P_m \mid p_{jr} = p_j r^{\log_2[(1-d_i x) z_i]} \mid C_{\max} + bk(x)$ 也是一个 NP-hard 问题。另外，当给定一个 x 时，我们给出了一个完全多项式时间的近似方案，由于给出的 FPTAS 算法过于冗长，为了不影响阅读体验，我们将其放在了本节随后的第 2.4.1.1 小节中。**证毕**。

在设计 FPTAS 的过程中，我们获得了一个新发现。具体来说，我们发现构造 FPTAS 所涉及的一个步骤（可行解划分过程）中所要求的整数函数可以得到松弛。因此，将来使用此方法构造近似方案的研究不再需要要求他们的问题满足整数函数这一要求。我们在以下评论中总结了我们的发现。

新发现： FPTAS 中的一个步骤需要对可行解进行划分，划分需要满足两个特殊的性质，详细的表述见随后的性质 2.5 和性质 2.6。科瓦廖夫和库比亚克（Kovalyov and Kubiak，1998，1999）提出了这两个性质，而获得这两个性质需要所依据的函数 $e(\tau)$ 是一个非负整数函数，τ 为问题可行解。并且，可行解集划分的上界 k_e 为 $\dfrac{\log e(\tau^{|A|})}{\delta} + 2$，其中 $\tau^{|A|}$ 是个使得函数 $e(\tau)$ 取得最大值的可行解，δ 是模型参数且与近似方案的近似效果 ϵ 有关，δ 越小则可行解划分的区间数量越大，近似效果越好。接下来，我们给出性质 2.3，表明我们仍然可以获得类似的上界，即使 $e(\tau)$ 不是整数函数。借助这一性质，在后面的研究中，我们可以直接使用所研究问题的目标函数作为划分过程的划分函数并更新上界，而不用管它是否为整数函数。

性质 2.3： $k_e \leqslant \dfrac{\log e(\tau^{|A|})}{\delta} + C$ 对于任意的 $0 < \delta \leqslant 1$，$1 \leqslant e(\tau^{|A|})$，其中 C 是一个常数。

证明： 不失一般性的，我们假设 $e(\tau)$ 不是整数函数。根据问题需要达到的精度，我们可以通过把 $e(\tau)$ 与一个 10^t 的整数相乘将它变为整数，t 的大小根据问题所需要的精度来定。令 $f(\tau) = e(\tau)10^t$，然后在可行解上依据它进行划分操作。然后根据性质 2.6，新的可行解划分的上界 k_f 满足：

$$k_f \leqslant \frac{\log[f(\tau^{|A|})]}{\delta} + 2$$

$$= \frac{\log[e(\tau^{|A|})10^t]}{\delta} + 2$$

$$= \frac{\log e(\tau^{|A|})}{\delta} + \frac{t\log 10}{\delta} + 2$$

因为 t 是一个事先依据问题需要满足精度而设定的常数，划分精度 δ 也是一个常数，所以 $t \log 10/\delta$ 是一个常数。所以我们有：

$$k_f \leq \frac{\log e(\tau^{|A|})}{\delta} + C$$

其中，C 是一个常数。

尤其需要指出的是，对可行解采用 $e(\tau)$ 或者 $f(\tau)$ 进行划分所产生的划分结果是相同的。这意味着我们可以直接使用分整数函数 $e(\tau)$ 进行划分，但是划分结果的上界需要更新为 $k_e \leq \frac{\log e(\tau^{|A|})}{\delta} + C$。**证毕**。

在正式提出求解 $P_m \,|\, p_{jr} = p_j r^{\log_2[(1-d_i x)z_i]} \,|\, C_{max} + bk(x)$ 的近似算法前，我们还需要一个如下的准备步骤：

预处理：我们先将可行区间 $[0, x_{max}]$ 划分为足够小的 T 个区间，$[x_l, x_{l+1}]$，$l = 1, 2, \cdots, T$，$x_1 = 0$，$x_{T+1} = x_{max}$。对于每一个划分的小区间需要满足 $bk(x_{l_1+1}) - bk(x_{l_1}) = bk(x_{l_2+1}) - bk(x_{l_2})$，$l_1, l_2 = 1, 2, \cdots, T$。因为投资成本函数 $bk(x)$ 是一个已知的凸函数，所以求得满足要求的区间比较容易。最后，可知每一个子区间的两端满足 $bk(x_{l+1}) - bk(x_l) = bk(x_{max})/T$。

现在，我们给出算法 2.2 来求解该问题。

算法 2.2

步骤 1：按照预处理将可行区间 $[0, x_{max}]$ 划分为足够小的 T 个区间。
步骤 2：对于每一个区间的右端 x_{l+1}，依据第 2.4.1.1 小节提出的 FPTAS 得出对应的加工序列 π_l 和目标函数值 F_l。
步骤 3：挑选出拥有最小目标函数值的 F_l，同时输出对应的工件加工方案和诱导学习率。

定义 OPT 为问题 $P_m \,|\, p_{jr} = p_j r^{\log_2[(1-d_i x)z_i]} \,|\, C_{max} + bk(x)$ 的全局最优值，$L = \log(\max\{n, 1/\epsilon, p_{max}\})$。我们有接下来的定理。

定理 2.3：算法 2.2 为 $P_m \,|\, p_{jr} = p_j r^{\log_2[(1-d_i x)z_i]} \,|\, C_{max} + bk(x)$ 产生一个 $(1+\epsilon)[OPT + bk(x_{max})/T]$ 近似解，它的时间复杂度为 $O(Tn^{2m+1}L^{m+1}/\epsilon^m)$。

证明：首先，我们定义问题 $P_m \,|\, p_{jr} = p_j r^{\log_2[(1-d_i x)z_i]} \,|\, C_{max} + bk(x)$ 在第 l 个

子区间 $[x_l,\, x_{l+1}]$ 内的最优解为 $Z(x_{\text{local}}^l)$。同时定义 $C_{\max}^*(x)$ 为给定诱导学习率 x 时，问题的最优最大完工时间（目标函数的前一部分）。容易得知，$C_{\max}^*(x)$ 随着 x 的增大单调递减，我们有：

$$C_{\max}^*(x_{l+1}) \leqslant C_{\max}^*(x_{\text{local}}^l) \qquad (2-4)$$

另外，根据预处理步骤的操作且 $k(x)$ 是一个递增函数，我们有：

$$bk(x_{l+1}) = bk(x_l) + \frac{bk(x_{\max})}{T} \leqslant bk(x_{\text{local}}^l) + \frac{bk(x_{\max})}{T} \qquad (2-5)$$

联合不等式（2-4）和不等式（2-5），可得：

$$C_{\max}^*(x_{l+1}) + bk(x_{l+1}) \leqslant C_{\max}^*(x_{\text{local}}^l) + bk(x_{\text{local}}^l) + \frac{bk(x_{\max})}{T}$$

$$= Z(x_{\text{local}}^l) + \frac{bk(x_{\max})}{T} \qquad (2-6)$$

其中，$x_{\text{local}}^l \in [x_l,\, x_{l+1}]$。这意味着，当给定 x_{l+1} 时问题的最优解和问题在区间 $[x_l,\, x_{l+1}]$ 内的最优解之间的差距小于常数 $\dfrac{bk(x_{\max})}{T}$。不失一般性地，我们假设：

$$C_{\max}^*(x_{v+1}) + bk(x_{v+1}) = \min_{l=1,2,\cdots,T}\{C_{\max}^*(x_{l+1}) + bk(x_{l+1})\}$$

接着可得：

$$C_{\max}^*(x_{v+1}) + bk(x_{v+1}) \leqslant Z(x_{\text{local}}^l) + \frac{bk(x_{\max})}{T}, \quad \forall l=1,\, 2,\, \cdots,\, T$$

$$C_{\max}^*(x_{v+1}) + bk(x_{v+1}) \leqslant OPT + \frac{bk(x_{\max})}{T} \qquad (2-7)$$

根据第 2.4.1.1 小节提出的 FPTAS，对于一个给定的 x_{v+1}，我们可得：

$$C_{\max}^{fptas}(x_{v+1}) + bk(x_{v+1}) \leqslant (1+\epsilon)[C_{\max}^*(x_{v+1}) + bk(x_{v+1})] \qquad (2-8)$$

联立不等式（2-7）和不等式（2-8），可得：

$$C_{\max}^{fptas}(x_{v+1}) + bk(x_{v+1}) \leqslant (1+\epsilon)\left[OPT + \frac{bk(x_{\max})}{T}\right]$$

根据第 2.4.1.1 小节中的定理 2.5 可知，FPTAS 的时间复杂度为 $O(n^{2m+1}L^{m+1}/\epsilon^m)$。所以，算法 2.2 的时间复杂度为 $O(Tn^{2m+1}L^{m+1}/\epsilon^m)$。**证毕**。

当 T 足够大时，算法 2.2 将为问题 $P_m \mid p_{jr} = p_{jr}^{\log_2[(1-d_i x)z_i]} \mid C_{\max} + bk(x)$ 产生出近似全局最优解的值。但是 T 的增大也会导致算法运算时间的增大。这里需要一个算法精度和时间复杂度权衡。

2.4.1.1 完全多项式时间近似方案（FPTAS）

对于一个最小化问题，如果算法 A 产生的结果最多是最优解的 $(1+\epsilon)$ 倍，且它的运行时间复杂度为多项式时间，那么算法 A 称为这个最小化问题的 $(1+\epsilon)$ 近似算法。一系列的这样的算法 A 构成一个近似方案 A_ϵ。如果对于任意的 $\epsilon > 0$，A_ϵ 都能够在多项式时间内产生一个 $(1+\epsilon)$ 倍的近似解，那么这样的近似方案 A_ϵ 称为完全多项式时间近似方案（FPTAS）。

对于一个给定的诱导学习率 x，令 $a_i = \log_2[(1-d_i x)z_i]$，$B = bk(x)$ 为一个常数。问题 $P_m \mid p_{jr} = p_{jr}^{\log_2[(1-d_i x)z_i]} \mid C_{\max} + bk(x)$ 可以简化表示为 $P_m \mid p_{jr} = p_j r^{a_i} \mid C_{\max} + B$。

性质 2.4：对于问题 $P_m \mid p_{jr} = p_j r^{a_i} \mid C_{\max} + B$，存在一个最优排序方案满足每一台机器上的工件按照标准加工时间从小到大排列（SPT）。

证明：学习效应随着位置后移越来越明显，所以显然在每一台机器上将工件按照从小到大排列能够最大化利用学习效应带来的影响。**证毕**。

将所有的工件按照标准加工时间从小到大进行排列，记为 $p_1 \leqslant p_2 \leqslant \cdots \leqslant p_n$。我们引入变量 $\tau_j = k (k \in 1, 2, \cdots, m)$ 表示工件 J_j 安排在机器 k 上加工。令集合 Φ 表示所有可能的向量 $\tau = (\tau_1, \tau_2, \cdots, \tau_n)$，其中 $\tau_j = k$，$j = 1, 2, \cdots, n$，$k = 1, 2, \cdots, m$。对于一个给定的向量 $\tau = (\tau_1, \tau_2, \cdots, \tau_j, 0, \cdots, 0)$，我们令 $r_j^i(\tau)$ 表示完成工件 J_j 的排序后机器 i 上的最后一个工件的位置，$R_j^i(\tau)$ 表示 $r_j^i(\tau)$ 考虑学习效应后对应的位置权重，令 $f_j^i(\tau)$ 表示完成工件 J_j 的排序后机器 i 上的目标函数的大小。我们定义如下的初始表达式和递归表达式：

$$r_0^i(\tau) = 0, \ i = 1, 2, \cdots, m$$

$$r_j^k(\tau) = r_{j-1}^k(\tau) + 1, \ \text{对于} \ \tau_j = k$$

$$R_j^k(\tau) \triangleq \left[r_j^k(\tau)\right]^{a_k} = \left[r_{j-1}^k(\tau) + 1\right]^{a_k}$$

$$r_j^i(\tau) = r_{j-1}^i(\tau)，对于 \tau_j = k,\ i \neq k$$

$$R_j^i(\tau) \triangleq \left[r_j^i(\tau)\right]^{a_i} = \left[r_{j-1}^i(\tau)\right]^{a_i}$$

$$f_0^i(\tau) = B,\ i = 1, 2, \cdots, m$$

$$f_j^k(\tau) = f_{j-1}^k(\tau) + p_j R_j^k(\tau)，对于 \tau_j = k$$

$$f_j^i(\tau) = f_{j-1}^i(\tau)，对于 \tau_j = k,\ i \neq k$$

因此，问题 $P_m \mid p_{jr} = p_j r^{a_i} \mid C_{\max} + B$ 最后可转换为如下的最小化问题：

$$\text{minimize } C_{\max} + B = f_n(\tau) = \max_{i=1,2,\cdots,m} f_n^i(\tau)$$

根据科瓦廖夫和库比亚克（Kovalyov and Kubiak，1998，1999）的研究结果，我们先给出如下对可行解集划分的方法：划分算法 (A, e, δ)，其中 $A \subseteq \Phi$，e 是一个关于可行解向量 τ 的函数，$0 < \delta \leqslant 1$。此划分方法将把集合 A 划分为多个子集 A_1^e，A_2^e，$\cdots$，$A_{k_e}^e$，子集满足 $|e(\tau) - e(\tau')| \leqslant \delta \min\{e(\tau),\ e(\tau')\}$，对于任意的 τ，$\tau' \in A_h^e$，$h = 1, 2, \cdots, k_e$。接下来我们给出详细的划分步骤。

划分算法 (A, e, δ)

步骤 1：将向量 $\tau \in A$ 记为 $\tau^{(1)}$，$\tau^{(2)}$，$\cdots$，$\tau^{(|A|)}$，满足如下条件 $0 \leqslant e(\tau^{(1)}) \leqslant e(\tau^{(2)}) \leqslant \cdots \leqslant e(\tau^{(|A|)})$。

步骤 2：将向量 $\tau^{(1)}$，$\tau^{(2)}$，$\cdots$，$\tau^{(i_1)}$ 划分到子集 A_1^e，直到 $e(\tau^{(i_1)}) \leqslant (1+\delta)e(\tau^{(1)})$ 且 $e(\tau^{(i_1+1)}) > (1+\delta)e(\tau^{(1)})$。如果不存在这样的 i_1，那么令 $A_{k_e}^e = A_1^e = A$，划分结束。将向量 $\tau^{(i_1+1)}$，$\tau^{(i_1+2)}$，$\cdots$，$\tau^{(i_2)}$ 划分到子集 A_2^e，直到 $e(\tau^{(i_2)}) \leqslant (1+\delta)e(\tau^{(i_1+1)})$ 且 $e(\tau^{(i_2+1)}) > (1+\delta)e(\tau^{(i_1+1)})$。如果不存在这样的 i_2，那么令 $A_2^e = A - A_1^e$，划分结束。继续按照前面的方法进行划分，直到 $\tau^{(|A|)}$ 也被划分到某个子集内。

划分算法 (A, e, δ) 的步骤 1 需要 $O(|A|\log|A|)$ 来给向量 τ 按照 $e(\tau)$ 的大小进行排序，步骤 2 耗费 $O(|A|)$ 划分集合。我们接下来给出性质 2.5 和性质 2.6（Kovalyov and Kubiak，1998，1999），还有引理 2.2（Ji et al.，2015）。

性质 2.5：$|e(\tau) - e(\tau')| \leqslant \delta \min\{e(\tau),\ e(\tau')\}$ 对于任意的 τ，$\tau' \in$

A_h^e，$h = 1$，2，$\cdots$，k_e。

性质 2.6： $k_e \leq \log e(\tau^{|A|})/\delta + 2$，$0 < \delta \leq 1$，$1 \leq e(\tau^{|A|})$。

引理 2.2： 如果 $|r_1^a - r_2^a| \leq \delta \min\{r_1^a, r_2^a\}$，$0 < \delta \leq 1$，$a \leq 0$，且 r_1，r_2 为正整数，那么我们有 $|(r_1+1)^a - (r_2+1)^a| \leq \delta \min\{(r_1+1)^a, (r_2+1)^a\}$。

根据前文的结果，我们给出如下的算法 A_ϵ^m 来求解 $P_m \mid p_{jr} = p_j r^{a_i} \mid C_{\max} + B$。

算法 A_ϵ^m

步骤 1： 初始化。将工件按照标准加工时间排序 $p_1 \leq p_2 \leq \cdots \leq p_n$。令 $Y_0 = \{(0, 0, \cdots, 0)\}$，$j = 1$。

步骤 2： 生成 Y_1，Y_2，$\cdots$，Y_n。先从 Y_{j-1} 生成 Y_j'。对集合 Y_{j-1} 中的每一个向量 τ 的第 j 个工件 J_j 分别安排它在机器 $k = 1$，2，$\cdots$，m 上加工，操作后集合 Y_j' 中元素是 Y_{j-1} 的 m 倍。假设 $\tau_j = k$，对每一个 $\tau \in Y_j'$ 分别计算更新以下递归公式：

$$R_j^k(\tau) \triangleq [r_j^k(\tau)]^{a_k} = [r_{j-1}^k(\tau) + 1]^{a_k}$$
$$R_j^i(\tau) \triangleq [r_j^i(\tau)]^{a_i} = [r_{j-1}^i(\tau)]^{a_i}，对于 i \neq k$$
$$f_j^k(\tau) = f_{j-1}^k(\tau) + p_j R_j^k(\tau)$$
$$f_j^i(\tau) = f_{j-1}^i(\tau)，对于 i \neq k$$

如果 $j = n$，那么令 $Y_n = Y_n'$，跳转到步骤 3。

如果 $j < n$，那么令 $\delta = \epsilon / [2(n+1)]$，然后执行以下操作：

使用划分算法 $(Y_j', f_j^i, \delta)(i = 1, 2, \cdots, m)$ 将集合 Y_j' 划分为一系列的子集：$Y_1^{f_j^i}$，$Y_2^{f_j^i}$，$\cdots$，$Y_{k_{f_j^i}}^{f_j^i}$。

使用划分算法 $(Y_j', R_j^i, \delta)(i = 1, 2, \cdots, m)$ 将集合 Y_j' 划分为一系列的子集：$Y_1^{R_j^i}$，$Y_2^{R_j^i}$，$\cdots$，$Y_{k_{R_j^i}}^{R_j^i}$。

根据两次划分的结果再次对集合 Y_j' 进行如下的划分：

$$Y_{a_1 \cdots a_m b_1 \cdots b_m} = Y_{a_1}^{f_j^1} \cap Y_{d_2}^{f_j^2} \cap \cdots \cap Y_{a_m}^{f_j^m} \cap Y_{b_1}^{R_j^1} \cap Y_{b_2}^{R_j^2} \cap \cdots \cap Y_{b_m}^{R_j^m}$$

其中，$a_1 = 1$，2，$\cdots$，$k_{f_j^1}$；$a_2 = 1$，2，$\cdots$，$k_{f_j^2}$；$\cdots$；$a_m = 1$，2，$\cdots$，$k_{f_j^m}$；$b_1 = 1$，2，$\cdots$，$k_{R_j^1}$；$b_2 = 1$，2，$\cdots$，$k_{R_j^2}$；$b_m = 1$，2，$\cdots$，$k_{R_j^m}$。

对于每一个非空的子集 $Y_{a_1 \cdots a_m b_1 \cdots b_m}$，从中选出满足条件 $\min\limits_{\tau \in Y_{a_1 \cdots a_m b_1 \cdots b_m}} [\max\limits_{i=1,2,\cdots,m} f_j^i(\tau)]$ 的向量 $\tau^{a_1 \cdots a_m b_1 \cdots b_m}$，这些向量构成了集合 Y_j。

令 $j = j+1$，转到步骤 2。

步骤 3： 最终解。从集合 Y_n 中挑选出如下最终解向量：

$$f_n(\tau^0) = \min\limits_{\tau \in Y_n} [f_n(\tau)] = \min\limits_{\tau \in Y_n} [\max\limits_{i=1,2,\cdots,m} f_n^i(\tau)]$$

令 $\tau^* = (\tau_1^*, \tau_2^*, \cdots, \tau_n^*)$ 表示问题 $P_m \mid p_{jr} = p_j r^{a_i} \mid C_{\max} + B$ 的最优解，我们有如下定理。

定理 2.4： 算法 A_ϵ^m 可以为问题 $P_m \mid p_{jr} = p_j r^{a_i} \mid C_{\max} + B$ 找到一个近似解 $\tau^0 \in$

Φ 满足 $f_n(\tau^0) \leqslant (1+\epsilon)f_n(\tau^*)$。

证明： 假设安排到工件 J_j 时，我们有如下的一个向量 $(\tau_1^*, \tau_2^*, \cdots, \tau_j^*, 0, \cdots, 0) \in Y_{a_1 \cdots a_m b_1 \cdots b_m} \subseteq Y_j'$。通过算法 A_ϵ^m 的构造过程可知，这样的一个工件 J_j 始终存在，如 $j=1$。算法 A_ϵ^m 可能不会在 $(\tau_1^*, \tau_2^*, \cdots, \tau_j^*, 0, \cdots, 0)$ 的基础上继续下一步解向量的构造，然而对于任何一个被选择作为基础来构造下一步解向量的 $\tau^{(a_1 \cdots a_m b_1 \cdots b_m)}$，根据性质 2.5，我们有：

$$\left| f_j^i(\tau_1^*, \cdots, \tau_j^*, 0, \cdots, 0) - f_j^i[\tau^{(a_1 \cdots a_m b_1 \cdots b_m)}] \right|$$
$$\leqslant \delta f_j^i(\tau_1^*, \cdots, \tau_j^*, 0, \cdots, 0), \quad i = 1, 2, \cdots, m$$
$$\left| R_j^i(\tau_1^*, \cdots, \tau_j^*, 0, \cdots, 0) - R_j^i[\tau^{(a_1 \cdots a_m b_1 \cdots b_m)}] \right|$$
$$\leqslant \delta R_j^i(\tau_1^*, \cdots, \tau_j^*, 0, \cdots, 0), \quad i = 1, 2, \cdots, m$$

令 $\delta_1 = \delta$，我们考虑 $(\tau_1^*, \tau_2^*, \cdots, \tau_j^*, \tau_{j+1}^*, \cdots, 0)$ 和 $\tilde{\tau}^{(a_1 \cdots a_m b_1 \cdots b_m)} = (\tau_1^{(a_1 \cdots a_m b_1 \cdots b_m)}, \cdots, \tau_j^{(a_1 \cdots a_m b_1 \cdots b_m)}, \tau_{j+1}, 0, \cdots, 0)$。假设 $\tau_{j+1}^* = k$，我们有：

$$\left| R_{j+1}^k(\tau_1^*, \cdots, \tau_j^*, \tau_{j+1}^*, 0, \cdots, 0) - R_{j+1}^k(\tilde{\tau}^{(a_1 \cdots a_m b_1 \cdots b_m)}) \right|$$
$$= \left| [r_{j+1}^k(\tau_1^*, \cdots, \tau_j^*, \tau_{j+1}^*, 0, \cdots, 0)]^{a_k} - \{r_{j+1}^k[\tilde{\tau}^{(a_1 \cdots a_m b_1 \cdots b_m)}]\}^{a_k} \right|$$
$$= \left| [r_j^k(\tau_1^*, \cdots, \tau_j^*, 0, \cdots, 0) + 1]^{a_k} - \{r_j^k[\tau^{(a_1 \cdots a_m b_1 \cdots b_m)}] + 1\}^{a_k} \right|$$

通过引理 2.2，我们可得：

$$\left| [r_j^k(\tau_1^*, \cdots, \tau_j^*, 0, \cdots, 0) + 1]^{a_k} - [r_j^k(\tau^{(a_1 \cdots a_m b_1 \cdots b_m)}) + 1]^{a_k} \right|$$
$$\leqslant \delta_1 [r_j^k(\tau_1^*, \cdots, \tau_j^*, 0, \cdots, 0) + 1]^{a_k}$$
$$= \delta_1 [r_{j+1}^k(\tau_1^*, \cdots, \tau_j^*, \tau_{j+1}^*, 0, \cdots, 0)]^{a_k}$$
$$= \delta_1 R_{j+1}^k(\tau_1^*, \cdots, \tau_j^*, \tau_{j+1}^*, 0, \cdots, 0)$$

对于 $i \neq k$ 的机器，我们有：

$$\left| R_{j+1}^i(\tau_1^*, \cdots, \tau_j^*, \tau_{j+1}^*, 0, \cdots, 0) - R_{j+1}^i[\tilde{\tau}^{(a_1 \cdots a_m b_1 \cdots b_m)}] \right|$$
$$= \left| [r_{j+1}^i(\tau_1^*, \cdots, \tau_j^*, \tau_{j+1}^*, 0, \cdots, 0)]^{a_i} - \{r_{j+1}^i[\tilde{\tau}^{(a_1 \cdots a_m b_1 \cdots b_m)}]\}^{a_i} \right|$$
$$= \left| [r_j^i(\tau_1^*, \cdots, \tau_j^*, 0, \cdots, 0)]^{a_i} - \{r_j^i[\tau^{(a_1 \cdots a_m b_1 \cdots b_m)}]\}^{a_i} \right|$$
$$\leqslant \delta_1 [r_j^i(\tau_1^*, \cdots, \tau_j^*, 0, \cdots, 0)]^{a_i}$$
$$= \delta_1 [r_{j+1}^i(\tau_1^*, \cdots, \tau_j^*, \tau_{j+1}^*, 0, \cdots, 0)]^{a_i}$$
$$= \delta_1 R_{j+1}^i(\tau_1^*, \cdots, \tau_j^*, \tau_{j+1}^*, 0, \cdots, 0)$$

所以，我们有：

$$R_{j+1}^i\big[\,\widetilde{\tau}^{\,(a_1\cdots a_m b_1\cdots b_m)}\,\big]\leqslant(1+\delta_1)R_{j+1}^i(\tau_1^*,\cdots,\tau_j^*,\tau_{j+1}^*,0,\cdots,0),$$
$$i=1,2,\cdots,m \qquad\qquad (2-9)$$

类似上面的分析，假设 $\tau_{j+1}^*=k$，我们有：

$$\big|f_{j+1}^k(\tau_1^*,\cdots,\tau_j^*,\tau_{j+1}^*,0,\cdots,0)-f_{j+1}^k\big[\,\widetilde{\tau}^{\,(a_1\cdots a_m b_1\cdots b_m)}\,\big]\big|$$

$$=\big|f_j^k(\tau_1^*,\cdots,\tau_j^*,0,\cdots,0)+p_{j+1}R_{j+1}^k(\tau_1^*,\cdots,\tau_j^*,\tau_{j+1}^*,0,\cdots,0)$$
$$-f_j^k\big[\,\widetilde{\tau}^{\,(a_1\cdots a_m b_1\cdots b_m)}\,\big]-p_{j+1}R_{j+1}^k\big[\,\widetilde{\tau}^{\,(a_1\cdots a_m b_1\cdots b_m)}\,\big]\big|$$

$$\leqslant\big|f_j^k(\tau_1^*,\cdots,\tau_j^*,0,\cdots,0)-f_j^k\big[\,\tau^{(a_1\cdots a_m b_1\cdots b_m)}\,\big]\big|+\big|p_{j+1}R_{j+1}^k(\tau_1^*,\cdots,$$
$$\tau_j^*,\tau_{j+1}^*,0,\cdots,0)-p_{j+1}R_{j+1}^k\big[\,\widetilde{\tau}^{\,(a_1\cdots a_m b_1\cdots b_m)}\,\big]\big|$$

$$\leqslant\delta f_j^k(\tau_1^*,\cdots,\tau_j^*,0,\cdots,0)+\delta_1 p_{j+1}R_{j+1}^k(\tau_1^*,\cdots,\tau_j^*,\tau_{j+1}^*,$$
$$0,\cdots,0)$$

$$\leqslant\delta_1 f_j^k(\tau_1^*,\cdots,\tau_j^*,0,\cdots,0)+\delta_1 p_{j+1}R_{j+1}^k(\tau_1^*,\cdots,\tau_j^*,\tau_{j+1}^*,$$
$$0,\cdots,0)$$

$$\leqslant\delta_1 f_{j+1}^k(\tau_1^*,\cdots,\tau_j^*,\tau_{j+1}^*,0,\cdots,0)$$

也即 $f_{j+1}^k\big[\,\widetilde{\tau}^{\,(a_1\cdots a_m b_1\cdots b_m)}\,\big]\leqslant(1+\delta_1)f_{j+1}^k(\tau_1^*,\cdots,\tau_j^*,\tau_{j+1}^*,0,\cdots,0)$。

对于 $i\neq k$，我们有：

$$f_{j+1}^i\big(\,\widetilde{\tau}^{\,(a_1\cdots a_m b_1\cdots b_m)}\,\big)\leqslant(1+\delta_1)f_{j+1}^i(\tau_1^*,\cdots,\tau_j^*,\tau_{j+1}^*,0,\cdots,0)。$$

因此，可得：

$$f_{j+1}^i\big[\,\widetilde{\tau}^{\,(a_1\cdots a_m b_1\cdots b_m)}\,\big]\leqslant(1+\delta_1)f_{j+1}^i(\tau_1^*,\cdots,\tau_j^*,\tau_{j+1}^*,0,\cdots,0),$$
$$i=1,2,\cdots,m \qquad\qquad (2-10)$$

不失一般性地，假设 $\widetilde{\tau}^{\,(a_1\cdots a_m b_1\cdots b_m)}\in Y_{d_1\cdots d_m e_1\cdots e_m}\subseteq Y'_{j+1}$，算法 A_ϵ^m 没有在 $\widetilde{\tau}^{\,(a_1\cdots a_m b_1\cdots b_m)}$ 的基础上继续下一步解向量的构造，而是选择了 $\tau^{(d_1\cdots d_m e_1\cdots e_m)}\in Y_{d_1\cdots d_m e_1\cdots e_m}$，从不等式（2-9）和不等式（2-10）我们可得：

$$\big|R_{j+1}^i\big[\,\widetilde{\tau}^{\,(a_1\cdots a_m b_1\cdots b_m)}\,\big]-R_{j+1}^i\big[\,\tau^{(d_1\cdots d_m e_1\cdots e_m)}\,\big]\big|\leqslant\delta R_{j+1}^i\big[\,\widetilde{\tau}^{\,(a_1\cdots a_m b_1\cdots b_m)}\,\big]$$
$$\leqslant\delta(1+\delta_1)R_{j+1}^i(\tau_1^*,\cdots,\tau_j^*,\tau_{j+1}^*,0,\cdots,0) \qquad (2-11)$$

$$\big|f_{j+1}^i\big[\,\widetilde{\tau}^{\,(a_1\cdots a_m b_1\cdots b_m)}\,\big]-f_{j+1}^i\big[\,\tau^{(d_1\cdots d_m e_1\cdots e_m)}\,\big]\big|\leqslant\delta f_{j+1}^i\big[\,\widetilde{\tau}^{\,(a_1\cdots a_m b_1\cdots b_m)}\,\big]$$
$$\leqslant\delta(1+\delta_1)f_{j+1}^i(\tau_1^*,\cdots,\tau_j^*,\tau_{j+1}^*,0,\cdots,0) \qquad (2-12)$$

通过不等式（2-11）和不等式（2-12），我们可得：

$$|f_{j+1}^i(\tau_1^*, \cdots, \tau_j^*, \tau_{j+1}^*, 0, \cdots, 0) - f_{j+1}^i[\tau^{(d_1\cdots d_m e_1\cdots e_m)}]|$$

$$= |f_{j+1}^i(\tau_1^*, \cdots, \tau_j^*, \tau_{j+1}^*, 0, \cdots, 0) - f_{j+1}^i[\tilde{\tau}^{(a_1\cdots a_m b_1\cdots b_m)}]$$

$$+ f_{j+1}^i[\tilde{\tau}^{(a_1\cdots a_m b_1\cdots b_m)}] - f_{j+1}^i[\tau^{(d_1\cdots d_m e_1\cdots e_m)}]|$$

$$\leqslant |f_{j+1}^i(\tau_1^*, \cdots, \tau_j^*, \tau_{j+1}^*, 0, \cdots, 0) - f_{j+1}^i[\tilde{\tau}^{(a_1\cdots a_m b_1\cdots b_m)}]|$$

$$+ |f_{j+1}^i[\tilde{\tau}^{(a_1\cdots a_m b_1\cdots b_m)}] - f_{j+1}^i[\tau^{(d_1\cdots d_m e_1\cdots e_m)}]|$$

$$= \delta_1 f_{j+1}^i(\tau_1^*, \cdots, \tau_j^*, \tau_{j+1}^*, 0, \cdots, 0) + \delta(1+\delta_1) f_{j+1}^i(\tau_1^*, \cdots, \tau_j^*,$$

$$\tau_{j+1}^*, 0, \cdots, 0)$$

$$= [\delta + \delta_1(1+\delta)] f_{j+1}^i(\tau_1^*, \cdots, \tau_j^*, \tau_{j+1}^*, 0, \cdots, 0) \qquad (2-13)$$

还有：

$$|R_{j+1}^i(\tau_1^*, \cdots, \tau_j^*, \tau_{j+1}^*, 0, \cdots, 0) - R_{j+1}^i[\tau^{(d_1\cdots d_m e_1\cdots e_m)}]|$$

$$\leqslant [\delta + \delta_1(1+\delta)] R_{j+1}^i(\tau_1^*, \cdots, \tau_j^*, \tau_{j+1}^*, 0, \cdots, 0) \qquad (2-14)$$

令 $\delta_l = \delta + \delta_{l-1}(1+\delta)$，$l = 2, 3, \cdots, n-j+1$。通过不等式（2-13）和不等式（2-14），可得：

$$|f_{j+1}^i(\tau_1^*, \cdots, \tau_j^*, \tau_{j+1}^*, 0, \cdots, 0) - f_{j+1}^i[\tau^{(d_1\cdots d_m e_1\cdots e_m)}]|$$

$$\leqslant \delta_2 f_{j+1}^i(\tau_1^*, \cdots, \tau_j^*, \tau_{j+1}^*, 0, \cdots, 0)$$

$$|R_{j+1}^i(\tau_1^*, \cdots, \tau_j^*, \tau_{j+1}^*, 0, \cdots, 0) - R_{j+1}^i[\tau^{(d_1\cdots d_m e_1\cdots e_m)}]|$$

$$\leqslant \delta_2 R_{j+1}^i(\tau_1^*, \cdots, \tau_j^*, \tau_{j+1}^*, 0, \cdots, 0)$$

对于 $j+2, \cdots, n$ 重复上面的操作，我们可以发现存在一个 $\tau' \in Y_n$，满足：

$$|f_n^i(\tau^*) - f_n^i(\tau')| \leqslant \delta_{n-j+1} f_n^i(\tau^*), \quad i = 1, 2, \cdots, m$$

我们有：

$$\delta_{n-j+1} \leqslant \delta \sum_{j=0}^{n} (1+\delta)^j$$

$$= (1+\delta)^{n+1} - 1$$

$$= \sum_{j=1}^{n+1} \frac{(n+1)n\cdots(n-j+2)}{j!(n+1)!}\left(\frac{\epsilon}{2}\right)^j$$

$$\leqslant \sum_{j=1}^{n+1} \frac{1}{j!}\left(\frac{\epsilon}{2}\right)^j$$

$$\leqslant \sum_{j=1}^{n+1} \left(\frac{\epsilon}{2} \right)^j$$

$$\leqslant \epsilon \sum_{j=1}^{n+1} \left(\frac{1}{2} \right)^j \leqslant \epsilon$$

所以，我们有：

$$|f_n^i(\tau^*) - f_n^i(\tau')| \leqslant \epsilon f_n^i(\tau^*), \quad i = 1, 2, \cdots, m$$

在步骤 3 中，我们选取了这样的一个 τ^0，如下：

$$f_n(\tau^0) = \min_{\tau \in Y_n} \left[\max_{i=1,2,\cdots,m} f_n^i(\tau) \right]$$

我们有：

$$\begin{aligned}
f_n(\tau') &= \max_{i=1,2,\cdots,m} f_n^i(\tau') \\
&\triangleq f_n^k(\tau') \\
&\leqslant (1+\epsilon) f_n^k(\tau^*) \\
&\leqslant (1+\epsilon) \max_{i=1,2,\cdots,m} f_n^i(\tau^*) \\
&= (1+\epsilon) f_n(\tau^*)
\end{aligned}$$

最后，我们可得 $f_n(\tau^0) = f_n(\tau') \leqslant (1+\epsilon) f_n(\tau^*)$。

证毕。

令 $L = \log(\max\{n, 1/\epsilon, p_{max}\})$，其中 $p_{max} = \max\limits_{j=1,2,\cdots,n} p_j$，我们有如下的定理：

定理 2.5： 算法 A_ϵ^m 的时间复杂度为 $O(n^{2m+1} L^{m+1}/\epsilon^m)$。

证明： 首先，我们知道每一次解集的划分步骤 (A, e, δ) 的时间复杂度为 $O(|Y_j'| \log|Y_j'|)$，这是算法中最耗费时间的操作。通过构建 Y_j' 的步骤，我们知道 $|Y_j'| = m|Y_{j-1}| \leqslant m k_{f_{j-1}^1} \cdots k_{f_{j-1}^m} k_{R_{j-1}^1} \cdots k_{R_{j-1}^m}$。通过性质 2.3 和 $\delta = \epsilon/[2(n+1)]$，我们可得 $k_{f_j^i} \leqslant 2(n+1)\log(np_{max})/\epsilon + C \leqslant 4(n+1)L/\epsilon + C$。并且通过赵等（Zhao et al.，2017）的结果可知 $k_{R_j^i} \leqslant n+1$。所以，我们有 $|Y_j'| = O(n^{2m}L^m/\epsilon^m)$，因此，算法的最终运算时间复杂度为 $O(n^{2m+1}L^{m+1}/\epsilon^m)$。**证毕。**

2.4.2　总完工时间

对于问题 $P_m | p_{jr} = p_j r^{\log_2[(1-d_i x)z_i]} | \sum C_j + bk(x)$，$\sum C_j$ 的优化意义前文已

经介绍过了，此时由于有 m 台机器同时加工，因此总的求解思路是先确定每台机器上所加工工件的数量。我们先定义 $P(n, m) = (n_1, n_2, \cdots, n_m)$ 为一个向量，向量每一维表示一台机器上所安排的工件数量，$\sum\limits_{i=1}^{m} n_i = n$。我们将目标函数进一步整理后可得：

$$f(\pi, x) = \sum_{i=1}^{m} \sum_{r=1}^{n_i} (n_i - r + 1) p_{[ir]} r^{\log_2[(1-d_i x)z_i]} + bk(x) \quad (2-15)$$

其中，$p_{[ir]}$ 表示在机器 i 的第 r 个位置上加工的工件的标准加工时间。我们有如下的一个性质：

性质 2.7：对于问题 $P_m | p_{jr} = p_j r^{\log_2[(1-d_i x)z_i]} | \sum C_j + bk(x)$ 来说，即使给定一个 $P(n, m)$，最优的工件排序在可行区间内依然会随着 x 发生变化。

证明：我们采用反证法来证明。如果一个加工方案是稳定的，那么意味着对于任意的 $P(n, m)$ 例子都不会随着 x 发生变化。我们构造下面的反例，假设 $P(n, m) = P(6, 2)$，$n_1 = 2$，$n_2 = 6$。我们令 $w(i, r) = (n_i - r + 1) r^{\log_2[(1-d_i x)z_i]}$（$r = 1, 2, \cdots, n_i$，$i = 1, 2$）表示在机器 i 的第 r 个位置上的位置权重。选取两个位置权重 $w(1, 1) = 2 \times 1^{\log_2[(1-x)z]}$、$w(2, 2) = 3 \times 2^{\log_2[(1-x)z]}$。我们可以看到，当 $x = 0$，$d_i = z_i = 1$ 时，$w(1, 1) = 2 < w(2, 2) = 3$；当 $x = 0.5$，$d_i = z_i = 1$ 时，$w(1, 1) = 2 > w(2, 2) = 1.5$。这个例子表明位置权重之间的大小关系会随着 x 发生变化，因而也会导致工件的加工顺序发生改变。**证毕**。

接下来，我们将参照第 2.3.2 节求解 $1 | p_{jr} = p_j r^{\log_2[(1-dx)z]} | \text{TADC} + bk(x)$ 的方法，对于一个给定的 $P(n, m)$，我们先列出 n 个位置权重 $(n_i - r + 1) r^{\log_2[(1-d_i x)z_i]}$（$r = 1, 2, \cdots, n_i$，$i = 1, 2, \cdots, m$）的表达式，然后令它们两两相等，找到所有可能的交点。

性质 2.8：这 n 个位置权重 $(n_i - r + 1) r^{\log_2[(1-d_i x)z_i]}$（$r = 1, 2, \cdots, n_i$，$i = 1, 2, \cdots, m$）两两相等，每一组最多产生 2 个交点。

证明：令 $a_{i_1} = \log_2[(1 - d_{i_1} x) z_{i_1}]$，$a_{i_2} = \log_2[(1 - d_{i_2} x) z_{i_2}]$。对于同一台机器上的位置权重，我们可以看到不会存在交点。接下来我们主要考虑不同

机器上的位置权重两两相等的时候，交点存在的可能情况：

情形 I：对于任意的两台机器：n_{i_1}, $n_{i_2} \in \{n_1, n_2, \cdots, n_m\}$，$n_{i_1} \neq n_{i_2}$，以及这两台机器中的任意两个位置：$r_1 \in \{1, 2, \cdots, n_{i_1}\}$，$r_2 \in \{1, 2, \cdots, n_{i_2}\}$，$r_1 \neq r_2$。不失一般性地，我们假设 $r_1 \neq 1$，然后我们令两个位置权重相等有：

$$(n_{i_1} - r_1 + 1) r_1^{a_{i_1}} = (n_{i_2} - r_2 + 1) r_2^{a_{i_2}}$$

$$\frac{r_1^{a_{i_1}}}{r_2^{a_{i_2}}} = \frac{n_{i_2} - r_2 + 1}{n_{i_1} - r_1 + 1}$$

令 $v = \dfrac{n_{i_2} - r_2 + 1}{n_{i_1} - r_1 + 1}$，我们有：

$$\frac{r_1^{a_{i_1}}}{r_2^{a_{i_2}}} = v$$

$$r_1^{a_{i_1}} = v r_2^{a_{i_2}}$$

$$a_{i_1} \ln r_1 = \ln v + a_{i_2} \ln r_2$$

$$a_{i_1} - a_{i_2} \log_{r_1} r_2 = \log_{r_1} v$$

令 $u = \log_{r_1} r_2$，$v' = \log_{r_1} v$，我们有：

$$\log_2 \left[(1 - d_{i_1} x) z_{i_1} \right] - \mu \log_2 \left[(1 - d_{i_2} x) z_{i_2} \right] = v'$$

$$\log_2 \frac{\left[(1 - d_{i_1} x) z_{i_1} \right]}{\left[(1 - d_{i_2} x) z_{i_2} \right]^\mu} = v'$$

$$\frac{\left[(1 - d_{i_1} x) z_{i_1} \right]}{\left[(1 - d_{i_2} x) z_{i_2} \right]^\mu} = 2^{v'}$$

$$(1 - d_{i_1} x) z_{i_1} = 2^{v'} \left[(1 - d_{i_2} x) z_{i_2} \right]^\mu$$

我们注意到最后一个等式的左端是一个关于 x 的线性函数，然后当 $u \geq 1$ 时，等式的右端是一个凸函数，当 $0 < u < 1$ 时，等式的右端是一个凹函数。因此最多有两个交点。

情形 II：对于任意的两台机器：n_{i_1}, $n_{i_2} \in \{n_1, n_2, \cdots, n_m\}$，$n_{i_1} \neq n_{i_2}$，以及这两台机器中的任意两个位置：$r_1 \in \{1, 2, \cdots, n_{i_1}\}$，$r_2 \in \{1, 2, \cdots, n_{i_2}\}$，如果 $r_1 = r_2 = 1$。我们令两个位置权重相等有：

$$(n_{i_1} - r_1 + 1) r_1^{a_{i_1}} = (n_{i_2} - r_2 + 1) r_2^{a_{i_2}}$$

$$\frac{r_1^{a_{i_1}}}{r_2^{a_{i_2}}} = \frac{n_{i_2} - r_2 + 1}{n_{i_1} - r_1 + 1}$$

在情形 II 的条件下，等式的右端不等于 1，而等式的左端一直等于 1。因此不存在交点。

情形 III：对于任意的两台机器：n_{i_1}，$n_{i_2} \in \{n_1,\ n_2,\ \cdots,\ n_m\}$，$n_{i_1} \neq n_{i_2}$，以及这两台机器中的任意两个位置：$r_1 \in \{1,\ 2,\ \cdots,\ n_{i_1}\}$，$r_2 \in \{1,\ 2,\ \cdots,\ n_{i_2}\}$，如果 $r_1 = r_2 \neq 1$。我们令两个位置权重相等有：

$$(n_{i_1} - r_1 + 1) r_1^{a_{i_1}} = (n_{i_2} - r_2 + 1) r_2^{a_{i_2}}$$

$$\frac{r_1^{a_{i_1}}}{r_2^{a_{i_2}}} = \frac{n_{i_2} - r_2 + 1}{n_{i_1} - r_1 + 1}$$

令 $v = \dfrac{n_{i_2} - r_2 + 1}{n_{i_1} - r_1 + 1}$，我们有：

$$\frac{r_1^{a_{i_1}}}{r_2^{a_{i_2}}} = v$$

$$r_1^{a_{i_1}} = v r_2^{a_{i_2}}$$

$$a_{i_1} \ln r_1 = \ln v + a_{i_2} \ln r_2$$

$$a_{i_1} - a_{i_2} = \log_{r_1} v$$

令 $v' = \log_{r_1} v$，我们有：

$$\log_2 \left[(1 - d_{i_1} x) z_{i_1} \right] - \log_2 \left[(1 - d_{i_2} x) z_{i_2} \right] = v'$$

$$\log_2 \frac{\left[(1 - d_{i_1} x) z_{i_1} \right]}{\left[(1 - d_{i_2} x) z_{i_2} \right]} = v'$$

$$\frac{\left[(1 - d_{i_1} x) z_{i_1} \right]}{\left[(1 - d_{i_2} x) z_{i_2} \right]} = 2^{v'}$$

$$(1 - d_{i_1} x) z_{i_1} = 2^{v'} \left[(1 - d_{i_2} x) z_{i_2} \right]$$

最后一个等式的两端都是一个关于 x 的线性函数，所以它们可能没有交点，或者一个交点，又或者对于任意的 $x \in [0,\ x_{\max}]$，它们始终相等，也即无穷多个交点。如果两个位置权重始终相等，这意味着 x 的变化对它们在总的目标函数中的影响不起作用，那么我们在对可行区间进行划分时可以直接忽略它们。所以结论依然成立。

情形Ⅳ：对于任意的两台机器：n_{i_1}，$n_{i_2} \in \{n_1, n_2, \cdots, n_m\}$，$n_{i_1} = n_{i_2}$，以及这两台机器中的任意两个位置：$r_1 \in \{1, 2, \cdots, n_{i_1}\}$，$r_2 \in \{1, 2, \cdots, n_{i_2}\}$，如果 $r_1 \neq r_2$，分析的结果与情形Ⅰ相同，这里不再重复。

情形Ⅴ：对于任意的两台机器：n_{i_1}，$n_{i_2} \in \{n_1, n_2, \cdots, n_m\}$，$n_{i_1} = n_{i_2}$，以及这两台机器中的任意两个位置：$r_1 \in \{1, 2, \cdots, n_{i_1}\}$，$r_2 \in \{1, 2, \cdots, n_{i_2}\}$，如果 $r_1 = r_2 = 1$，我们有：

$$(n_{i_1} - r_1 + 1) r_1^{a_{i_1}} = (n_{i_2} - r_2 + 1) r_2^{a_{i_2}}$$

$$1^{a_{i_1}} = 2^{a_{i_2}}$$

对于任意的 $x \in [0, x_{max}]$，它们始终相等，也即无穷多个交点。同情形Ⅲ类似，我们在对可行区间进行划分时可以直接忽略它们。所以结论依然成立。

情形Ⅵ：对于任意的两台机器：n_{i_1}，$n_{i_2} \in \{n_1, n_2, \cdots, n_m\}$，$n_{i_1} = n_{i_2}$，以及这两台机器中的任意两个位置：$r_1 \in \{1, 2, \cdots, n_{i_1}\}$，$r_2 \in \{1, 2, \cdots, n_{i_2}\}$，如果 $r_1 = r_2 \neq 1$，我们有：

$$(n_{i_1} - r_1 + 1) r_1^{a_{i_1}} = (n_{i_2} - r_2 + 1) r_2^{a_{i_2}}$$

$$r_1^{a_{i_1}} = r_2^{a_{i_2}}$$

$$\log_2 [(1 - d_{i_1} x) z_{i_1}] = \log_2 [(1 - d_{i_2} x) z_{i_2}]$$

$$(1 - d_{i_1} x) z_{i_1} = (1 - d_{i_2} x) z_{i_2}$$

此时，与情形Ⅲ相同，最后一个等式的两端都是一个关于 x 的线性函数，交点的存在有三种可能：没有交点，或者一个交点，又或者对于任意的 $x \in [0, x_{max}]$ 它们始终相等。如果两个位置权重始终相等，这意味着 x 的变化对它们在总的目标函数中的影响不起作用，那么我们在对可行区间进行划分时可以直接忽略它们。所以结论依然成立。

证毕。

最终，我们将可行区间划分为最多 $n(n-1) + 1$ 个子区间，在每一个子区间内位置权重之间的大小关系固定，不受区间内 x 变化的影响。然后，当给定一个 $P(n, m) = (n_1, n_2, \cdots, n_m)$ 时，将算法 2.1 中的位置权重表达式替换为本节的位置权重表达式，然后将目标函数替换为公式（2-15），即可解决 $P_m \mid p_{jr} = p_j r^{\log_2[(1-d_i x) z_i]} \mid \sum C_j + bk(x)$。

算法 2.3

步骤 1： 列出 n 个位置权重的表达式 $(n_i - r + 1) r^{\log_2[(1-d_i x) z_i]}$ $(r = 1, 2, \cdots, n_i, i = 1, 2, \cdots, m)$。令它们两两相等，找到所有可能的交点 $\hat{x}$。将找到的 $\hat{x}$ 从小到大进行排列，即 $\hat{x}_1 \leqslant \hat{x}_2 \leqslant \cdots \leqslant \hat{x}_T$。这些值将会把可行区间划分为 $T+1$ 个子区间，即 $[0, \hat{x}_1], [\hat{x}_1, \hat{x}_2], \cdots, [\hat{x}_T, x_{\max}]$。
步骤 2： 令 $l = 1$，$f_{\min} = Q$（Q 是一个足够大的数）。
步骤 3： 对于第 l 个子区间 $[\hat{x}_{l-1}, \hat{x}_l]$：首先我们要决定工件在此区间内的加工顺序，方法如下：从区间 $(\hat{x}_{l-1}, \hat{x}_l)$ 内任选一个 x，$(\hat{x}_0 = 0, \hat{x}_{T+1} = x_{\max})$。然后计算 n 个位置权重 $(n_i - r + 1) r^{\log_2[(1-d_i x) z_i]}$ 的大小。接下来依据引理 2.1 确定工件的加工顺序。在确定了加工顺序后，目标函数 $f(x)$ [见公式（2-15）] 在当前区间内就变为一个关于 x 的凸函数。我们可以很快速地通过 $f(x)$ 的一阶导性质找到最优的 $\bar{x}$。如果当前最优值 $f_{\text{local}}(\bar{x}) < f_{\min}$，那么就令 $f_{\min} = f_{\text{local}}(\bar{x})$，$x^* = \bar{x}$。如果 $l = T+1$，跳转到步骤 4，否则令 $l = l+1$，跳转到步骤 3。
步骤 4： 输出最优的加工顺序，诱导学习率以及最终的目标函数值。

定理 2.6： 问题 $P_m \mid p_{jr} = p_j r^{\log_2[(1-d_i x) z_i]} \mid \sum C_j + bk(x)$ 可以在 $O(n^{m+2} \log n)$ 内求解。

证明： 按照上文的分析，替换关键的函数后，我们可以利用算法 2.3 耗时 $O(n^3 \log n)$ 求解本节的平行机问题，前提是给定一个 $P(n, m)$。参考季和郑（Ji and Cheng，2010），我们可得 $P(n, m)$ 的一个上界为 $(n+1)^{m-1}$。所以我们可以在 $O(n^{m+2} \log n)$ 时间复杂度内求解本问题。**证毕。**

2.4.2.1 数值实验

下面我们将给出一个数值实验来演示如何求解 $P_m \mid p_{jr} = p_j r^{\log_2[(1-d_i x) z_i]} \mid \sum C_j + bk(x)$。令 $n = 10$，$m = 2$，$p_j = j(j = 1, 2, \cdots, 10)$，$d_i = z_i = b = 1(i = 1, 2)$，$x \in [0, 1)$，$k(x) = 250x^2$。

首先，我们列出可能的 $P(n, m)$ 共有 6 个：$A(0, 10)$，$A(1, 9)$，$A(2, 8)$，$A(3, 7)$，$A(4, 6)$，$A(5, 5)$。对于每一个分配方案，我们参照算法 2.3 来求解。我们将 6 个分配方案的结果展示在本书附录的表 A1 ~ 表

A6 中。表 2 – 1 中展示了每一个分配方案下的最优解。对比后发现，在分配方案 $A(4, 6)$ 下目标函数取得最小值 98.72，对应的诱导学习率为 $x = 0.29$，此时机器 1 上所安排的工件和加工的顺序为 $\{J_2, J_5, J_7, J_9\}$，机器 2 上所安排的工件和加工的顺序为 $\{J_1, J_3, J_4, J_6, J_8, J_{10}\}$。

表 2 – 1   每一个分配方案下的最优解

方案	最优加工顺序	最优的 x	最优值
$A(0, 10)$	$M_1 = \{\phi\}$ $M_2 = \{1, 2, 3, 4, 5, 6, 7, 8, 9, 10\}$	0.43	115.36
$A(1, 9)$	$M_1 = \{7\}$ $M_2 = \{1, 2, 3, 4, 5, 6, 8, 9, 10\}$	0.38	109.06
$A(2, 8)$	$M_1 = \{5, 8\}$ $M_2 = \{1, 2, 3, 4, 6, 7, 9, 10\}$	0.34	104.25
$A(3, 7)$	$M_1 = \{3, 6, 9\}$ $M_2 = \{1, 2, 4, 5, 7, 8, 10\}$	0.31	100.74
$A(4, 6)$	$\mathbf{M_1 = \{2, 5, 7, 9\}}$ $\mathbf{M_2 = \{1, 3, 4, 6, 8, 10\}}$	**0.29**	**98.72**
$A(5, 5)$	$M_1 = \{1, 3, 5, 7, 9\}$ $M_2 = \{2, 4, 6, 8, 10\}$	0.28	98.77

注：表中黑体加粗的为当前的最优解。

2.4.3 总完工时间误差度

我们在第 2.3.2 节考虑了单机模型下最小化完工时间误差度之和的问题，我们将继续在一致平行机环境下考虑这一问题。根据第 2.3.2 节，我们可知单独一台机器上完工时间误差度之和函数表达式如下（假设机器上共 n_i 个工件）：

$$f(\pi, x) = \sum_{j=1}^{n_i} \sum_{k=j}^{n_i} |C_j - C_k| + bk(x)$$

$$= \sum_{r=1}^{n_i} (r-1)(n_i - r + 1)p_{[r]} r^{\log_2[(1-d_i x)z_i]} + bk(x)$$

我们注意到完工时间误差度之和是一个仅与同一台机器上的工件有关的目标函数，这与总完工时间最小化的目标函数非常相似。因此，我们可以参照问题 $P_m|p_{jr} = p_j r^{\log_2[(1-d_i x)z_i]}| \sum C_j + bk(x)$ 的求解方法（见算法 2.3）来解决问题 $P_m|p_{jr} = p_j r^{\log_2[(1-d_i x)z_i]}| \sum \mathrm{TADC} + bk(x)$。我们仅需将算法 2.3 中的

目标函数替换为如下的目标函数 $2-16$，位置权重同样需要替换，并且最终同样在 $O(n^{m+2}\log n)$ 内求解此问题。由于分析过程和求解方法与第 2.4.2 节完全相同，我们这里不再重复说明。

$$f(\pi,\ x) = \sum_{i=1}^{m}\sum_{r=1}^{n_i}(r-1)(n_i-r+1)p_{[ir]}r^{\log_2[(1-d_ix)z_i]} + bk(x)$$

$$(2-16)$$

2.5 一致条件下的两个单机问题

本节研究了一致条件（agreeable ratio）下的两个单机问题，之所以在特定的条件下求解该问题，主要原因是这两个问题在不包含诱导学习时已经是领域内的开放问题，参见摩西（Mosheiov, 2001a）、胡等（Wu et al., 2007）。且鲁德（Rudek, 2012）的结果已经证明 $1\mid p_j(r)=a_jr\mid L_{\max}$ 是强 NP-hard 的。将诱导学习引入模型后，学习效应的学习率从一个固定参数成了一个变量，相应的问题变得更加困难。本节引入的条件有一定可解释性，在领域内也有较为广泛的应用，相当多的文献（Wu et al., 2007；Wang et al., 2008；Yin et al., 2009；Lai and Lee, 2011；Bai et al., 2012；Cheng et al., 2013；等等）都采用了类似的一致条件。而且在引入条件后，我们发现原先不可解的问题可以得到很好的解决。虽然能够求解出不带条件的问题更有研究意义，但是对这些问题复杂度未知、非常困难的问题，引入一定条件后让我们可以分析得到问题的一些性质，从而帮助我们更深入了解整个问题。

2.5.1 总加权完工时间

在本节，我们将在一致条件下求解包含自主学习和诱导学习的单机最小化总加权完工时间这一问题 $1\mid p_{jr}=p_jr^{\log_2[(1-dx)z]},\ \mathrm{AR}\mid\sum w_jC_j+bk(x)$。我们考虑工件标准加工时间和其权重之间满足如下条件：如果 $p_{j_1} \geqslant p_{j_2}$，那么 $w_{j_1} \leqslant w_{j_2}(j_1, j_2 = 1, 2, \cdots, n)$，我们用 AR 表示这一特殊条件。此时我们将目标函数整理化简后可得：

$$f(\pi, x) = \sum_{r=1}^{n} (\sum_{j=r}^{n} w_{[j]}) p_{[r]} r^{\log_2[(1-dx)z]} + bk(x)$$

首先，我们给出如下的性质：

性质 2.9： 对于问题 $1 \mid p_{jr} = p_j r^{\log_2[(1-dx)z]}$，AR $\mid \sum w_j C_j + bk(x)$，存在一个最优调度方案，即在整个可行区间内将所有的工件按照 p_j / w_j 的值从小到大进行排序，即按照 WSPT 规则排序。

证明： 我们将采用反证法来证明。对于任意给定的 x，令 $a = \log_2[(1-dx)z]$。假设存在一个最优的排序 π 不满足 WSPT 规则。在方案 π 中，至少存在两个工件 J_{j_1} 和 J_{j_2}，它们满足 $p_{j_1} / w_{j_1} \geqslant p_{j_2} / w_{j_2}$。这也意味着 $p_{j_1} \geqslant p_{j_2}$ 且 $w_{j_1} \leqslant w_{j_2}$。假设方案 π 为 $S_1, p_{j_1}, p_{j_2}, S_2$，将 J_{j_1} 和 J_{j_2} 之间互相交换可得另一个方案 π' 为 $S_1, p_{j_2}, p_{j_1}, S_2$，$S_1$ 和 S_2 表示其他部分的排序。假设 S_1 中最后一个工件所在的位置为 $r-1$，那么在方案 π 和 π' 下，总加权完工时间分别为：

$$\sum w_j C_j(\pi) = \sum_{l=1}^{r-1} (\sum_{k=l}^{n} w_{[k]}) p_{[l]} l^a + (w_{j_1} + w_{j_2} + \sum_{k=r+2}^{n} w_{[k]}) p_{j_1} r^a$$
$$+ (w_{j_2} + \sum_{k=r+2}^{n} w_{[k]}) p_{j_2} (r+1)^a + \sum_{l=r+2}^{n} (\sum_{k=l}^{n} w_{[k]}) p_{[l]} l^a$$

$$\sum w_j C_j(\pi') = \sum_{l=1}^{r-1} (\sum_{k=l}^{n} w_{[k]}) p_{[l]} l^a + (w_{j_2} + w_{j_1} + \sum_{k=r+2}^{n} w_{[k]}) p_{j_2} r^a$$
$$+ (w_{j_1} + \sum_{k=r+2}^{n} w_{[k]}) p_{j_1} (r+1)^a + \sum_{l=r+2}^{n} (\sum_{k=l}^{n} w_{[k]}) p_{[l]} l^a$$

两个目标函数相减后可得：

$$\sum w_j C_j(\pi) - \sum w_j C_j(\pi')$$

$$= (w_{j_1} + w_{j_2} + \sum_{k=r+2}^{n} w_{[k]}) p_{j_1} r^a + (w_{j_2} + \sum_{k=r+2}^{n} w_{[k]}) p_{j_2} (r+1)^a$$

$$- (w_{j_2} + w_{j_1} + \sum_{k=r+2}^{n} w_{[k]}) p_{j_2} r^a - (w_{j_1} + \sum_{k=r+2}^{n} w_{[k]}) p_{j_1} (r+1)^a$$

$$= (w_{j_1} + w_{j_2} + \sum_{k=r+2}^{n} w_{[k]})(p_{j_1} - p_{j_2})r^a - (\sum_{k=r+2}^{n} w_{[k]})(p_{j_1} - p_{j_2})(r+1)^a$$

$$+ w_{j_2}p_{j_2}(r+1)^a - w_{j_1}p_{j_1}(r+1)^a$$

$$\geqslant (w_{j_1} + w_{j_2} + \sum_{k=r+2}^{n} w_{[k]})(p_{j_1} - p_{j_2})(r+1)^a - (\sum_{k=r+2}^{n} w_{[k]})(p_{j_1} - p_{j_2})(r+1)^a$$

$$+ w_{j_2}p_{j_2}(r+1)^a - w_{j_1}p_{j_1}(r+1)^a$$

$$= (w_{j_1} + w_{j_2})(p_{j_1} - p_{j_2})(r+1)^a + w_{j_2}p_{j_2}(r+1)^a - w_{j_1}p_{j_1}(r+1)^a$$

$$= w_{j_2}p_{j_1}(r+1)^a - w_{j_1}p_{j_2}(r+1)^a \geqslant 0$$

相减后的结果与前提假设 π 的最优性矛盾，性质得证。

证毕。

现在将所有工件按照 WSPT 排序后，目标函数可以表示为：

$$f(\pi, x) = \sum_{r=1}^{n} (\sum_{j=r}^{n} w_j)p_r r^{\log_2[(1-dx)z]} + bk(x) \qquad (2-17)$$

定理 2.7：问题 $1 \mid p_{jr} = p_j r^{\log_2[(1-dx)z]}, \text{AR} \mid \sum w_j C_j + bk(x)$ 可以在 $O(n \log n)$ 时间复杂度内求解。

证明：通过性质 2.9 可知，此问题的工件排序按照 WSPT 规则即可，当工件顺序确定后，目标函数就变为一个关于 x 的函数。根据第 2.3.1 节的分析，容易得知 $f(x)$ 为一个凸函数，因此利用一阶导性质可以直接求得最优的诱导学习率 x。问题求解的时间复杂度仅为对工件按照 WSPT 排序所耗费的时间复杂度 $O(n \log n)$。**证毕。**

2.5.2 最大延误时间

在本节我们还是在一致条件下考虑最小化最大延误和投资成本之和的问题 $1 \mid p_{jr} = p_j r^{\log_2[(1-dx)z]}, \text{AR} \mid L_{\max} + bk(x)$。参数需要满足的条件为：如果 $p_{j_2} \geqslant p_{j_1}$，那么 $D_{j_2} \geqslant D_{j_2}(j_1, j_2 = 1, 2, \cdots, n)$，即具有较大标准加工时间的工件也具有较大的交货期。本节中交货期 D_j 是一个给定参数。最大延误定义为 $L_{\max} = \max\{C_j - D_j\}(j = 1, 2, \cdots, n)$。同样地，我们将目标函数整理

后可得：

$$f(\pi, x) = \max_{j=1,2,\cdots,n} \left\{ \sum_{r=1}^{j} p_{[r]} r^{\log_2[(1-dx)z]} - D_{[j]} \right\} + bk(x)$$

首先，我们有如下的一条性质：

性质 2.10：对于问题 $1 \mid p_{jr} = p_j r^{\log_2[(1-dx)z]}$，$AR \mid L_{\max} + bk(x)$，存在一个最优的调度方案满足所有的工件按照交货期的先后进行排序，即将工件按照交货期从小到大进行排序（EDD 规则）。

证明：对于任意给定的一个 x，假设有两个排序方案，方案 π：$\{S_1, p_{j_1}, p_{j_2}, S_2\}$ $(p_{j_1} \leqslant p_{j_2})$ 满足性质要求的排序，方案 π'：$\{S_1, p_{j_2}, p_{j_1}, S_2\}$，显然第二个方案不满足我们的性质。假设 S_1 中最后一个工件所在的位置为 $r-1$，并且记它的完工时间为 T，我们有如下的结果：

$$L_{j_1}(\pi) = C_{j_1}(\pi) - D_{j_1} = T + p_{j_1} r^{\log_2[(1-dx)z]} - D_{j_1}$$

$$L_{j_2}(\pi) = C_{j_2}(\pi) - D_{j_2} = C_{j_1}(\pi) + p_{j_2}(r+1)^{\log_2[(1-dx)z]} - D_{j_2}$$

$$L_{j_2}(\pi') = C_{j_2}(\pi') - D_{j_2} = T + p_{j_2} r^{\log_2[(1-dx)z]} - D_{j_2}$$

$$L_{j_1}(\pi') = C_{j_1}(\pi') - D_{j_1} = C_{j_2}(\pi') + p_{j_1}(r+1)^{\log_2[(1-dx)z]} - D_{j_1}$$

$L_{j_1}(\pi')$ 减去 $L_{j_1}(\pi)$ 可得：

$$L_{j_1}(\pi') - L_{j_1}(\pi) = (p_{j_2} - p_{j_1}) r^{\log_2[(1-dx)z]} + p_{j_1}(r+1)^{\log_2[(1-dx)z]} > 0$$

$$(2-18)$$

$$L_{j_1}(\pi') - L_{j_2}(\pi) = (p_{j_2} - p_{j_1}) \left\{ r^{\log_2[(1-dx)z]} - (r+1)^{\log_2[(1-dx)z]} \right\} + (D_{j_2} - D_{j_1}) \geqslant 0$$

$$(2-19)$$

通过不等式（2-18）和不等式（2-19）我们可以得到，$\max\{L_{j_1}(\pi'), L_{j_2}(\pi')\} \geqslant L_{j_1}(\pi') \geqslant \max\{L_{j_1}(\pi), L_{j_2}(\pi)\}$ 也就是说方案 π 优于方案 π'。通过两两相邻交换，我们最终可以得到满足性质要求的最优排序，从证明过程中我们也可以看出结果不受诱导学习率 x 的影响。

证毕。

对于给定工件 $p_1 \leqslant p_2 \leqslant \cdots \leqslant p_n$ 且 $D_1 \leqslant D_2 \leqslant \cdots \leqslant D_n$，此时我们可以将目标函数变换为：

$$f(x) = \max_{j=1,2,\cdots,n} \left\{ \sum_{r=1}^{j} p_r r^{\log_2[(1-dx)z]} - D_j \right\} + bk(x)$$

我们可以观察到，尽管最优的排序方案得到了确定，但是最大延误 $\max_{j=1,2,\cdots,n} \left\{ \sum_{r=1}^{j} p_r r^{\log_2[(1-dx)z]} - D_j \right\}$ 却会随着 x 的变化而发生变化。我们接下来举个例子说明这一问题。假设 $p_j = D_j = j(j=1, 2, \cdots, n)$，当 $x=0$ 且 $d=z=1$ 时，我们可以在最后一个工件获得最大延误；当 $x>0.5$ 且 $d=z=1$ 时，我们就在第一个工件获得最大延误。因此，我们还需要参考前文已使用过的方法，将诱导学习率可行区间进行划分，使得在每一个子区间内最大延误的工件得到确认。参照前文的算法 2.1，我们有如下的算法：

算法 2.4

步骤 1：将工件按照标准加工时间从小到大进行排列。

步骤 2：列出每一个工件的延误的表达式 $\sum_{r=1}^{j} p_r r^{\log_2[(1-dx)z]} - D_j$ $(j=1, 2, \cdots, n)$。令它们两两相等，找到所有可能的交点 $\hat{x}$。将找到的 $\hat{x}$ 从小到大进行排列，即 $\hat{x}_1 \le \hat{x}_2 \le \cdots \le \hat{x}_T$。这些值将会把可行区间划分为 $T+1$ 个子区间，即 $[0, \hat{x}_1]$，$[\hat{x}_1, \hat{x}_2]$，$\cdots$，$[\hat{x}_T, x_{\max}]$。

步骤 3：令 $l=1$，$f_{\min}=Q$（Q 是一个足够大的数）。

步骤 4：对于第 l 个子区间 $[\hat{x}_{l-1}, \hat{x}_l]$：首先我们要决定在此区间内拥有最大延误的工件，方法如下：从区间 $(\hat{x}_{l-1}, \hat{x}_l)$ 内任选一个 x，$(\hat{x}_0 = 0, \hat{x}_{T+1} = x_{\max})$。然后计算 n 个工件的延误 $\sum_{r=1}^{j} p_r r^{\log_2[(1-dx)z]} - D_j$，找到其中最大的延误工件，假设是第 v 个工件。接下来计算当前子区间内的最优目标值，令目标函数 $f(x) = \sum_{r=1}^{v} p_r r^{\log_2[(1-dx)z]} - d_v + bk(x)$，在当前区间内为一个关于 x 的凸函数。我们可以很快速地通过 $f(x)$ 的一阶导性质找到最优的 $\bar{x}$。如果当前最优值 $f_{\text{local}}(\bar{x}) < f_{\min}$，那么就令 $f_{\min}=f_{\text{local}}(\bar{x})$，$x^*=\bar{x}$。如果 $l=T+1$，跳转到步骤 5，否则令 $l=l+1$，跳转到步骤 4。

步骤 5：输出最优的加工顺序，诱导学习率以及最终的目标函数值。

定理 2.8：算法 2.4 可以在 $O(n^3)$ 时间复杂度内求解 $1 \mid p_{jr} = p_j r^{\log_2[(1-dx)z]}$，$\text{AR} \mid L_{\max} + bk(x)$。

证明：步骤 1 花费 $O(n \log n)$ 来给所有的工件排序。类似于算法 2.1 中，步骤 2 的时间复杂度为 $O(n^2 \log n)$，并且最多划分了 $n(n-1)/2 + 1$ 个子区间。步骤 4 在每一个子区间内花费 $O(n)$ 寻找最大延误的工件。所以最

终的时间复杂度为 $O(n^3)$。证毕。

2.6　相关拓展和本章小结

我们在经典调度环境中研究了包含自主和诱导学习效应的几个调度基本问题。我们的分析和提出的算法还可以扩展到其他调度环境，例如，涉及 DeJong 学习效应的调度问题。根据奥科沃夫斯基和加维伊诺维奇（Okofowski and Gawiejnowicz, 2010）和季等（Ji et al., 2015）的研究结果，同时包含了自主和诱导学习效应的 DeJong 学习模型可以表示为 $p_{jr} = p_j [R + (1 - R) r^{\log_2[(1-dx)z]}]$，其中 R 是不可压缩因子（$0 \leq R \leq 1$），表示工件加工时间不可提升的部分。通过观察可知，只需将本章分析中的 $r^{\log_2[(1-dx)z]}$ 替换为 $[R + (1 - R) r^{\log_2[(1-dx)z]}]$，本章得到性质和算法就可以在新问题中直接使用。因此，我们对本章有这样一个拓展。

本章节我们考虑了同时包含自主和诱导学习效应的调度问题。问题的优化目标为最小化经典的调度指标和由诱导学习导致的投资成本之和。我们发现单机调度中对于总完工时间或最大完工时间与投资成本之和来说，SPT 仍然是最优规则，这意味着诱导学习不会影响最佳排序。但是，它却会影响并行机调度的最佳排序，以及单机最小化总完工时间误差度加上投资成本问题的排序。我们提出多项式时间算法来解决所有单机调度问题以及并行机最小化总完工时间、总完工时间误差度与投资成本之和。同时，对于 NP-hard 的平行机最小化最大完工时间与投资成本之和，我们也提出了一种近似算法。

作为研究附带的发现，我们表明由科瓦廖夫和库比亚克（Kovalyov and Kubiak, 1998, 1999）提出的在 FPTAS 设计过程中的划分步骤对整数函数的要求可以得到放松。因此，以后使用这种方法的工作可以不再需要在其算法中保留整数函数的要求。最后，我们的结果表明，企业应该管理生产中的学习效应，并且管理者可以通过确定最佳的诱导学习水平，来均衡调度指标和投资成本，从而更好地控制生产系统。

第 3 章

双重学习效应下最小化总加权
延误工件数量的问题

3.1 引　　言

在本章，我们继续研究同时具有自主学习和诱导学习效应的调度问题。交货期决策是实际生产运营管理中的一个常见问题，因此带有交货期的调度问题也成为调度研究领域的一个重要研究方向。本章将围绕一个与交货期相关的经典调度指标即加权延误工件的数量展开，我们需要为所有工件确定一个共同的交货期，在交货期之前完工的工件不受惩罚，交货期之后的工件记为延误工件，并且有一个与之相关的惩罚权重（每一个工件的权重各不相同），工件的标准加工时间和权重为已知参数。我们需要决策交货期的大小和工件的加工顺序以及诱导学习率，从而最小化一个包含交货期、加权延误工件的数量以及诱导学习投资成本之和的优化目标函数。

本章其余部分安排如下：在第 3.2 节中，我们详细介绍了本研究的调度问题，包括符号和模型。在第 3.3 节中，我们给出了当诱导学习效应给定时此问题的求解方法。第 3.4 节在得出三个重要的引理后，我们给出了本问题的最优求解算法，并提供了一个算例来说明算法的工作方式。在第 3.5 节中，我们对本章进行了总结，考虑了一些模型的可行拓展。

3.2 问题描述和建模

下面将介绍本章节涉及的符号定义，并且在需要的时候我们会引入额外的符号定义。

- P_j：工件 J_j 的标准加工时间，$j = 1，2，\cdots，n$。
- P_{jr}：工件 J_j 安排在 r 位置加工时的实际加工时间，$r = 1，2，\cdots，n$。
- d：交货期。
- C_j：工件 J_j 的完工时间。
- α_j：工件 J_j 的权重。
- β：交货期的单位成本。
- x：诱导学习效应中自主学习率的提升百分比。
- z：工人的自主学习率。
- $k(x)$：为了达到 x 而需付出的投资成本。
- $[r]$：在一个排序计划中，被安排在第 r 个位置。
- N：所有工件组成的集合。
- E：准时工件组成的集合。
- T：延误工件组成的集合。
- $|E|$：集合 E 中包含的工件个数。

接下来将详细介绍我们所研究的问题：在开始时刻共有 n 个工件 $J = \{J_1，J_2，\cdots，J_n\}$ 需要在单台机上加工。不失一般性的，我们假设所有的工件事先已经按照其标准加工时间 P_j 从小到大进行排序，即 $P_1 \leqslant P_2 \leqslant \cdots \leqslant P_n$。机器在同一时刻只能加工一个工件，且加工不可中断，也就是说工件一旦开始就必须连续加工直到完成。工件的实际加工时间服从前文定义的双重学习效应模型，即 $P_{jr} = P_j r^{\log_2[(1-x)z]}$，有关此模型的详细介绍见第 2.2 节，这里不再赘述。

本章的优化目标与前文有所不同，我们接下来将详细介绍。在本章，我们需要决策一个共同的交货期 d。当工件在交货期之后完成时，有一个相应的惩罚 α_j；当工件在交货期之前完工时没有惩罚，但交货期与它的实际加工时间有关，而交货期则是有代价的。我们用 $U_j = \{0, 1\}$ 表示工件是否为延误工件。当 $C_j \leq d$ 时，$U_j = 0$，为准时工件；当 $C_j > d$ 时，$U_j = 1$，为延误工件。详情如图 3 – 1 所示。

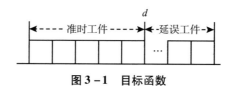

图 3 – 1 目标函数

问题的优化目标是最小化投资成本、加权延误工件数量以及交货期成本之和：

$$F(\Pi, x) = \sum_{j=1}^{n} (\alpha_j U_j + \beta d) + k(x) \qquad (3-1)$$

其中，α_j 表示工件 J_j 的延误权重，β 为交货期的单位成本。使用格雷厄姆等（Graham et al.，1979）的三划分表示法，我们所研究的问题可以表示为如下：

$$1 \mid P_{jr} = P_j r^{\log_2[(1-x)z]} \mid \sum_{j=1}^{n} (\alpha_j U_j + \beta d) + k(x)$$

3.3 诱导学习效应给定时的求解方法

在这一节我们在给定一个诱导学习率 x 的情形下，考虑如何求解此问题，此时学习效应模型的指数为一个常数，令 $a = \log_2[(1-x)z]$。我们仅需决策交货期和工件的加工顺序。首先我们可以很直观地得到如下的引理：

引理 3.1：存在一个最优的调度方案，在整个加工过程中机器不存在空闲时间，且交货期等于某一个工件的完工时间。

证明：如果交货期 $C_{[j]} < d < C_{[j+1]}$，我们总可以将 d 向 $C_{[j]}$ 移动直到 $d = C_{[j]}$，从而减少目标函数中有关交货期的成本，而不影响其他部分。当工件之间的空闲时间出现在交货期之前时，我们可以将后面的工件向前移动，从而减少交货期的大小，并且延误工件的数量也不会增加。当工件之间的空闲时间出现在交货期之后时，我们将后面的工件向前移动，这样操作也不会增加目标函数。**证毕。**

对于此类问题，交货期很自然地将工件集合分成了两个部分，完工时间小于交货期的准时工件组成的集合 E，完工时间大于交货期的延误工件组成的集合 T，交货期 d 也自然地等于准时集合 E 中最后一个工件的完工时间。由于学习效应的存在（$P_{jr} = P_j r^a$），我们可知，准时工件集合 E 中的工件一定满足 SPT 准则，即按照标准加工时间从小到大排序，而延误工件集合的则无排序的要求。本章的问题建模时也假设了工件已经事先依据标准加工时间从小到大排序。

此时问题转化为 $1 \mid P_{jr} = P_j r^a \mid \sum_{j=1}^{n} (\alpha_j U_j + \beta d)$，库拉马斯（Koulamas，2011）、钱和施泰纳（Qian and Steiner，2013）研究过类似的问题，并通过动态规划的思路进行了求解。接下来我们给出针对问题 $1 \mid P_{jr} = P_j r^a \mid \sum_{j=1}^{n} (\alpha_j U_j + \beta d)$ 的动态规划算法。

定义 $w(j, k)$ 为已安排了 j 个工件，其中 k 个为准时工件时最小的目标函数，$1 \leq k \leq j \leq n$。根据定义我们有：$w(1, 1) = n\beta P_1$，$w(j, 0) = \sum_{i=1}^{j} \alpha_i$。假设我们安排到第 j 个工件，如果 J_j 是准时工件，那么我们有：

$$w(j, k) = w(j-1, k-1) + n\beta P_j k^a$$

如果 J_j 是延误工件，那么我们有：

$$w(j, k) = w(j-1, k) + \alpha_j$$

综上所述，我们有如下的递归方程：

$$w(j, k) = \min\{w(j-1, k-1) + n\beta P_j k^a, w(j-1, k) + \alpha_j\}$$

我们给出如下的动态规划算法，见算法 3.1：

算法 3.1

初始化：

$$w(1, 1) = n\beta P_1$$

对于 $j = 1, \cdots, n$，计算 $w(j, 0) = \sum_{i=1}^{j} \alpha_i$，$w(j, j) = \sum_{i=1}^{j} n\beta P_i i^a$

递归迭代：

对于 $j = 2, \cdots, n$

对于 $k = 1, \cdots, j-1$，计算

$$w(j, k) = min\{w(j-1, k-1) + n\beta P_j k^a, w(j-1, k) + \alpha_j\}$$

最优解：

$$w^*(n, k) = min\{w(n, k) \mid 0 \leq k \leq n\}$$

定理 3.1：算法 3.1 可以在 $O(n^2)$ 时间复杂度内求解 $1 \mid P_{jr} = P_j r^a \mid$ $\sum_{j=1}^{n} (\alpha_j U_j + \beta d)$。

证明：此动态规划在本质上遍历了所有可行解，当工件遍历到 J_n 时，取 $w^*(n, k)$ 自然为最优解。遍历过程分围绕 j 和 k 展开循环，所以算法 3.1 的时间复杂度为 $O(n^2)$。**证毕**。

3.4 双重学习效应下的求解方法

3.4.1 问题分析

由于诱导学习效应的存在，随着 x 的变化，学习效应的指数 $\log_2[(1-x)z]$ 也在不停变化，这导致上一节中的动态规划算法无法直接使用。在接下来的分析中，我们将给出几条至关重要的引理和推论，它们帮助我们最终设计出可以多项式时间内求解此问题的最优算法。

在第 3.3 节，我们发现了存在这样的最优排序，准时工件的顺序按照标准加工时间从小到大排序，而延误工件则无要求，交货期 d 等于准时集合 E 中最后一个工件的完工时间。由于工件事先已按照从小到大进行排序，那么寻找最优调度方案可以简化为在全集 N 中挑选部分工件放进准时集合 E 中即可。

为了便于理解，我们定义如下几个符号：

- $\Pi(x')$：当诱导学习率为 x' 时，通过动态规划算法得到的最优调度方案中准时工件的集合，即 $\Pi(x') = E$。

- $P_{[j]}^{\Pi(x')}$：集合 $\Pi(x')$ 中第 j 个工件的标准加工时间。

- $\alpha_{[j]}^{\Pi(x')}$：集合 $\Pi(x')$ 中第 j 个工件的权重。

我们还需要定义如下一个新的中间函数：

$$
\begin{aligned}
Z(\Pi(x'), x) &= \sum_{j=1}^{n} (\alpha_j U_j + \beta d) \\
&= \sum_{j \in N} \alpha_j U_j + n\beta d \\
&= \sum_{j \in T} \alpha_j + n\beta \sum_{j=1}^{|E|} p_{[j]}^{\Pi(x')} j^{\log_2[(1-x)z]} \\
&= \sum_{j \in N} \alpha_j + \sum_{j=1}^{|E|} (n\beta p_{[j]}^{\Pi(x')} j^{\log_2[(1-x)z]} - \alpha_{[j]}^{\Pi(x')}) \qquad (3-2)
\end{aligned}
$$

$Z(\Pi(x'), x)$ 表示在方案 $\Pi(x')$ 给定时，目标函数 $F(\Pi(x'), x)$ 删掉诱导成本 $k(x)$ 后余下的部分。对于一个给定的方案 $\Pi(x')$，$Z(\Pi(x'), x)$ 是一个关于 x 的连续单调递减凸函数。根据新定义的目标函数，我们有如下的一个引理。

引理 3.2：令 $\Pi(x')$ 的任意一个真子集表示为 $\tilde{\Pi}(x')$，我们有如下不等式 $Z(\Pi(x'), x) < Z(\tilde{\Pi}(x'), x)$，$\forall x \in (x', 1)$。

证明：

在开始详细的证明前，先简要介绍一下我们的证明思路。定义函数 $f(x) = Z(\Pi(x'), x) - Z(\tilde{\Pi}(x'), x)$ 表示方案 $\Pi(x')$ 和 $\tilde{\Pi}(x')$ 之差。根据 $f(x)$ 我们可有如下的两个性质：

性质 1，在区间 $[x',\ 1)$ 的两端 $f(x) \leqslant 0$，即 $f(x') \leqslant 0$、$\lim\limits_{x \to 1^-} f(x) < 0$。

性质 2，我们发现在区间 $[x',\ 1)$ 内，如果 $f'(x_1) \geqslant 0$，我们可得 $f'(x_2) > 0$，$\forall x_2 \in (x_1,\ 1)$。

这两个性质帮我们最终证明此引理。接下来我们分别证明它们。

我们假设在 x' 处通过动态规划算法得到的最优方案中包含 k 个准时工件，即 $\Pi(x') = \{J_{[1]}^{\Pi(x')},\ J_{[2]}^{\Pi(x')},\ \cdots,\ J_{[k]}^{\Pi(x')}\}$。不失一般性的，我们从 $\Pi(x')$ 中随意抽出 $t\ (t < k)$ 个工件且按照从小到大排序组成它的子集 $\tilde{\Pi}(x')$，另外也将这些工件组成的集合记为 A。图 3-2 展示了集合之间的关系。

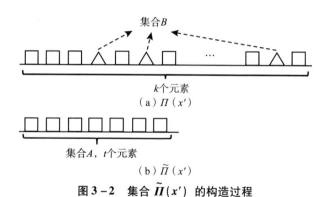

图 3-2　集合 $\tilde{\Pi}(x')$ 的构造过程

我们有 $P_{[j]}^{\Pi(x')} \leqslant P_{[j]}^{\tilde{\Pi}(x')}$，$\forall j = 1,\ 2,\ \cdots,\ t$。与此同时，我们将那些属于 $\Pi(x')$ 但是不属于 $\tilde{\Pi}(x')$ 的工件记为集合 B。令 $a = \log_2[\,(1-x)z\,]$。令 $r(J_{B[j]}^{\Pi(x')})$ 表示集合 B 中第 j 个工件在集合 $\Pi(x')$ 中的位置。我们有：

$$f(x) = Z(\Pi(x'),\ x) - Z(\tilde{\Pi}(x'),\ x)$$

$$= \sum_{j=1}^{|B|} n\beta P_{[j]}^B r(J_{B[j]}^{\Pi(x')})^a - \sum_{j=1}^{|B|} \alpha_{[j]}^B + \sum_{j=1}^{|A|} n\beta P_{[j]}^A [\, r(J_{A[j]}^{\Pi(x')})^a - r(J_{A[j]}^{\tilde{\Pi}(x')})^a \,]$$

通过 $\Pi(x')$ 在 x' 处的最优性，我们可得：

$$f(x') = Z(\Pi(x'),\ x') - Z(\tilde{\Pi}(x'),\ x') \leqslant 0$$

对于 $\lim\limits_{x \to 1^-} f(x)$，我们需要考虑以下两种情形：

如果 $r(J_{B[1]}^{\Pi(x')}) = 1$，结合 $P_{[1]}^B \leqslant P_{[1]}^A$，我们有：

$$\lim_{x \to 1} f(x) = \lim_{x \to 1} Z(\Pi(x'), x) - Z(\tilde{\Pi}(x'), x)$$

$$= n\beta P_{[1]}^B - \sum_{j=1}^{|B|} \alpha_{[j]}^B - n\beta P_{[1]}^A$$

$$< 0$$

如果 $r(J_{B[1]}^{\Pi(x')}) \neq 1$，我们有：

$$\lim_{x \to 1} f(x) = \lim_{x \to 1} Z(\Pi(x'), x) - Z(\tilde{\Pi}(x'), x)$$

$$= -\sum_{j=1}^{|B|} \alpha_{[j]}^B < 0$$

到此，性质 1 证明完毕。接下来我们开始性质 2 的证明。我们可以将 $f(x)$ 重新整理成如下表达式：

$$f(x) = Z(\Pi(x'), x) - Z(\tilde{\Pi}(x'), x)$$

$$= \sum_{j=1}^{t} n\beta (P_{[j]}^{\Pi(x')} - P_{[j]}^{\tilde{\Pi}(x')}) j^a - \sum_{j=1}^{t} \alpha_{[j]}^{\Pi(x')}$$

$$+ \sum_{j=1}^{t} \alpha_{[j]}^{\tilde{\Pi}(x')} + \sum_{j=t+1}^{k} n\beta P_{[j]}^{\Pi(x')} j^a - \sum_{j=t+1}^{k} \alpha_{[j]}^{\Pi(x')}$$

对 $f(x)$ 关于 x 求一阶导数，我们有：

$$f'(x) = \sum_{j=1}^{t} n\beta (P_{[j]}^{\Pi(x')} - P_{[j]}^{\tilde{\Pi}(x')}) j^a \ln j \frac{-1}{(1-x)\ln 2} + \sum_{j=t+1}^{k} n\beta P_{[j]}^{\Pi(x')} j^a \ln j \frac{-1}{(1-x)\ln 2}$$

当 $t = 1$ 时，我们可以直接得到 $f'(x) < 0$，$\forall x \in [x', 1)$，也即此区间内 $f(x)$ 随着 x 增大而减小。

当 $t \geqslant 2$ 时，我们接下来将会证明，如果 $f'(x_1) \geqslant 0$，$x_1 \in [x', 1)$，我们可以得到 $f'(x_2) > 0$，$\forall x_2 \in (x_1, 1)$。令 $a_1 = \log_2[(1-x_1)z]$，$a_2 = \log_2[(1-x_2)z]$。

假设 $f'(x_1) \geqslant 0$，我们有：

$$\sum_{j=1}^{t} n\beta (P_{[j]}^{\Pi(x_1)} - P_{[j]}^{\tilde{\Pi}(x_1)}) j^{a_1} \ln j \frac{-1}{(1-x_1)\ln 2} + \sum_{j=t+1}^{k} n\beta P_{[j]}^{\Pi(x_1)} j^{a_1} \ln j \frac{-1}{(1-x_1)\ln 2} \geqslant 0$$

继续化简为：

$$\sum_{j=1}^{t} n\beta (P_{[j]}^{\tilde{\Pi}(x_1)} - P_{[j]}^{\Pi(x_1)}) j^{a_1} \ln j - \sum_{j=t+1}^{k} n\beta P_{[j]}^{\Pi(x_1)} j^{a_1} \ln j \geqslant 0$$

两边同时除以 $(t+1)^{a_1}$，我们有：

$$\sum_{j=1}^{t} n\beta\left(P_{[j]}^{\tilde{\Pi}(x_1)} - P_{[j]}^{\Pi(x_1)}\right)\left(\frac{j}{t+1}\right)^{a_1}\ln j - \sum_{j=t+1}^{k} n\beta P_{[j]}^{\Pi(x_1)}\left(\frac{j}{t+1}\right)^{a_1}\ln j \geq 0$$

学习效应指数 a 是一个小于 0 的值，且它随着 x 的增大而减小。这意味着，当 $j = 1$，2，$\cdots$，t 时，$\left(\frac{j}{t+1}\right)^{a}$ 关于 x 递增；当 $j = t+1$，$t+2$，$\cdots$，k 时，$\left(\frac{j}{t+1}\right)^{a}$ 关于 x 递减。因此，我们有：

$$\sum_{j=1}^{t} n\beta\left(P_{[j]}^{\tilde{\Pi}(x_1)} - P_{[j]}^{\Pi(x_1)}\right)\left(\frac{j}{t+1}\right)^{a_2}\ln j - \sum_{j=t+1}^{k} n\beta P_{[j]}^{\Pi(x_1)}\left(\frac{j}{t+1}\right)^{a_2}\ln j > 0$$

即对于任意的 $x_2 \in (x_1, 1)$，我们有 $f'(x_2) > 0$。性质 2 意味着如果 $f(x)$ 在某一 x 处开始增加，那么它会一直保持增加直到 x 趋近于 1。图 3-3 展示了 $f(x)$ 和 $f'(x)$ 之间的大致关系。结合性质 1，$f(x') \leq 0$ 和 $\lim\limits_{x \to 1} f(x) < 0$，我们可知 $f(x) < 0$，也即 $Z(\Pi(x'), x) < Z(\tilde{\Pi}(x'), x)$，$\forall x \in (x', 1)$。

证毕。

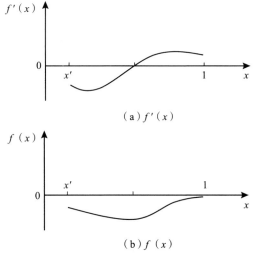

（a）$f'(x)$

（b）$f(x)$

图 3-3 $f(x)$ 和 $f'(x)$ 之间的大致关系

引理 3.3：随着 x 的增大，准时工件集合 E 中的工件数量不会减少。

证明：我们将通过反证法来证明这一引理。对于任意 $x_1 < x_2$，令 $a_1 = \log_2(1-x_1)z$，$a_2 = \log_2(1-x_2)z$。不失一般性地，我们假设 x_1 处的最优准时工件集合为 $\Pi(x_1) = \{J_{[1]}^{\Pi(x_1)}, J_{[2]}^{\Pi(x_1)}, \cdots, J_{[k_1]}^{\Pi(x_1)}\}$，$x_2$ 处的最优准时工件集合为 $\Pi(x_2) = \{J_{[1]}^{\Pi(x_2)}, J_{[2]}^{\Pi(x_2)}, \cdots, J_{[k_2]}^{\Pi(x_2)}\}$，其中 $k_1 = |\Pi(x_1)| > k_2 = |\Pi(x_2)|$。我们将整个证明分成两个部分：

第一部分，如果 $\Pi(x_2)$ 要成为一个最优方案，它必须满足 $P_{[j]}^{\Pi(x_1)} \leqslant P_{[j]}^{\Pi(x_2)}$，$\forall j = 1, 2, \cdots, k_2$。

第二部分，根据 $\Pi(x_1)$ 和 $\Pi(x_2)$，我们可以构造一个新的方案 $\hat{\Pi}(x_2)$，且满足 $|\hat{\Pi}(x_2)| = k_1$ 和 $Z[\hat{\Pi}(x_2), x_2] < Z[\Pi(x_2), x_2]$，而这与 $Z[\Pi(x_2), x_2]$ 的最优性假设矛盾。

第一部分的证明：

定义两个空集合 D_1、D_2。对于 $j = 1$ 到 $j = k_2$，一一对比 $\Pi(x_1)$ 和 $\Pi(x_2)$ 中的工件。找到第一组满足条件 $P_{[t_1]}^{\Pi(x_1)} > P_{[t_1]}^{\Pi(x_2)}$ 的工件，接着往后找到第一组满足 $P_{[t_2]}^{\Pi(x_1)} \leqslant P_{[t_2]}^{\Pi(x_2)}$ 的工件。将 $\Pi(x_1)$ 中第 t_1 位置到第 $t_2 - 1$ 位置的工件放入集合 D_1；将 $\Pi(x_2)$ 中第 t_1 位置到第 $t_2 - 1$ 位置的工件放入集合 D_2。

根据 $\Pi(x_1)$ 来构造 $\overline{\Pi}(x_1)$，将 $\Pi(x_1)$ 中从位置 t_1 到 $t_2 - 1$ 的工件替换为 D_2 中的工件。

根据 $\Pi(x_2)$ 来构造 $\overline{\Pi}(x_2)$，将 $\Pi(x_2)$ 中从位置 t_1 到 $t_2 - 1$ 的工件替换为 D_1 中的工件。

图 3 - 4 展示了如何构造集合以及最终构造的集合。根据 $\Pi(x_1)$ 在 x_1 处的最优性，我们有 $Z[\Pi(x_1), x_1] - Z[\overline{\Pi}(x_1), x_1] \leqslant 0$，这意味着：

$$\sum_{j=t_1}^{t_2-1} n\beta(P_{[j]}^{\Pi(x_1)} - P_{[j]}^{\overline{\Pi}(x_1)})j^{a_1} - \sum_{j=t_1}^{t_2-1} \alpha_{[j]}^{\Pi(x_1)} + \sum_{j=t_1}^{t_2-1} \alpha_{[j]}^{\overline{\Pi}(x_1)} \leqslant 0 \qquad (3-3)$$

对于 $\overline{\Pi}(x_2)$ 和 $\Pi(x_2)$，我们有：

$$Z[\overline{\Pi}(x_2), x_2] - Z[\Pi(x_2), x_2]$$

$$= \sum_{j=t_1}^{t_2-1} n\beta(P_{[j]}^{\overline{\Pi}(x_2)} - P_{[j]}^{\Pi(x_2)})j^{a_2} - \sum_{j=t_1}^{t_2-1} \alpha_{[j]}^{\overline{\Pi}(x_2)} + \sum_{j=t_1}^{t_2-1} \alpha_{[j]}^{\Pi(x_2)}$$

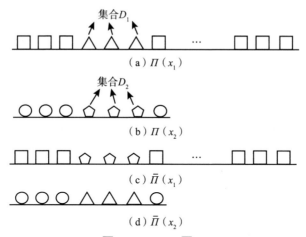

图 3 - 4 集合 $\overline{\Pi}(x_1)$ 和集合 $\overline{\Pi}(x_2)$ 的构造过程

根据 $\overline{\Pi}(x_1)$ 和 $\overline{\Pi}(x_2)$ 的构造过程，对于 $j = t_1, \cdots, t_2 - 1$，我们可知 $P_{[j]}^{\Pi(x_1)} = P_{[j]}^{\overline{\Pi}(x_2)}$，$P_{[j]}^{\overline{\Pi}(x_1)} = P_{[j]}^{\Pi(x_2)}$，$\alpha_{[j]}^{\Pi(x_1)} = \alpha_{[j]}^{\overline{\Pi}(x_2)}$，$\alpha_{[j]}^{\overline{\Pi}(x_1)} = \alpha_{[j]}^{\Pi(x_2)}$。所以，我们可得：

$$Z[\overline{\Pi}(x_2), x_2] - Z[\Pi(x_2), x_2]$$

$$= \sum_{j=t_1}^{t_2-1} n\beta(P_{[j]}^{\Pi(x_1)} - P_{[j]}^{\overline{\Pi}(x_1)})j^{a_2} - \sum_{j=t_1}^{t_2-1} \alpha_{[j]}^{\Pi(x_1)} + \sum_{j=t_1}^{t_2-1} \alpha_{[j]}^{\overline{\Pi}(x_1)} \qquad (3-4)$$

根据构造 $\overline{\Pi}(x_1)$ 的方法，我们有：

$$P_{[j]}^{\Pi(x_1)} \geqslant P_{[j]}^{\overline{\Pi}(x_1)} \qquad (3-5)$$

根据不等式（3-3）、不等式（3-4）和不等式（3-5），还有 $j^{a_1} \geqslant j^{a_2}$，我们可得 $Z[\overline{\Pi}(x_2), x_2] - Z[\Pi(x_2), x_2] < 0$。第一步证明完毕。

第二部分的证明：

接下来，我们先说明如何构造 $\hat{\Pi}(x_2)$。

令 $P_{k_1+1}^{\Pi(x_1)} = +\infty$。根据第一部分证明的结果，对于 $\Pi(x_2)$ 中的任意工件 $J_{[i]}^{\Pi(x_2)}$，我们可以在 $\Pi(x_1)$ 中找到工件 $J_{[j]}^{\Pi(x_1)}$ 和 $J_{[j+1]}^{\Pi(x_1)}$，满足条件 $P_{[j]}^{\Pi(x_1)} \leqslant P_{[i]}^{\Pi(x_2)} \leqslant P_{[j+1]}^{\Pi(x_1)}$。

构造一个有 k_1 个位置的空集合 $\hat{\Pi}(x_2)$，我们接下来详细说明如何一一填

满这 k_1 个位置。

(1) 如果 $P_{[k_2]}^{\Pi(x_2)}$ 满足 $P_{[j]}^{\Pi(x_1)} \leqslant P_{[k_2]}^{\Pi(x_2)} \leqslant P_{[j+1]}^{\Pi(x_1)}$，那么将 $J_{[k_2]}^{\Pi(x_2)}$ 放到 $\hat{\Pi}(x_2)$ 的第 j 个位置。

(2) 如果 $P_{[k_2-1]}^{\Pi(x_2)}$ 也满足 $P_{[k_2]}^{\Pi(x_2)}$ 的条件，那么将 $J_{[k_2-1]}^{\Pi(x_2)}$ 放到 $\hat{\Pi}(x_2)$ 的第 $j-1$ 个位置。否则，将 $P_{[k_2-1]}^{\Pi(x_2)}$ 放到根据前文不等式确定的位置。

(3) 对于 $\Pi(x_2)$ 中的每一个工件，采用相同的方式确定它们在 $\hat{\Pi}(x_2)$ 中的位置。将目前 $\hat{\Pi}(x_2)$ 中包含的工件记为集合 H，将 $\Pi(x_1)$ 中具有相同位置的工件记为集合 V，$|H| = |V|$，$P_{[j]}^{V} \leqslant P_{[j]}^{H}$，$\forall j = 1, 2, \cdots, |H|$。集合 H 中的工件与 $\Pi(x_2)$ 相同。

(4) $\Pi(x_2)$ 中所有的工件都在 $\hat{\Pi}(x_2)$ 中找到位置后，$\hat{\Pi}(x_2)$ 中仍然存在一些空缺的位置，将 $\Pi(x_1)$ 中与空缺位置相同位置上的工件放到 $\hat{\Pi}(x_2)$ 中，并且将这些工件记为集合 I。

图 3-5 展示了如何构造集合以及最终构造的集合。

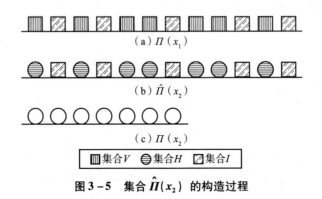

(a) $\Pi(x_1)$

(b) $\hat{\Pi}(x_2)$

(c) $\Pi(x_2)$

| 集合V | 集合H | 集合I |

图 3-5 集合 $\hat{\Pi}(x_2)$ 的构造过程

根据上述的构造过程我们可知，$\Pi(x_2)$ 中的工件都已包含在 $\hat{\Pi}(x_2)$ 中且 $|\hat{\Pi}(x_2)| = k_1$，$P_{[j]}^{\Pi(x_1)} \leqslant P_{[j]}^{\hat{\Pi}(x_2)}$。因此我们有：

$$Z(\hat{\Pi}(x_2), x_2) - Z(\Pi(x_2), x_2)$$

$$= \sum_{j=1}^{|I|} n\beta P_{I[j]}^{I} r(J_{I[j]}^{\hat{\Pi}(x_2)})^{a_2} - \sum_{j=1}^{|I|} \alpha_{[j]}^{I} + \sum_{j=1}^{|H|} n\beta P_{[j]}^{H}(r(J_{H[j]}^{\hat{\Pi}(x_2)})^{a_2} - r(J_{H[j]}^{\Pi(x_2)})^{a_2})$$

令 $\tilde{\Pi}(x_1)$ 表示 $\Pi(x_1)$ 删除了集合 I 后遗留的子集。

根据引理 3.2，我们有：

$$\sum_{j=1}^{|I|} n\beta P_{[j]}^I r(J_{I[j]}^{\Pi(x_1)})^{a_2} - \sum_{j=1}^{|I|} \alpha_{[j]}^I + \sum_{j=1}^{|V|} n\beta P_{[j]}^V [r(J_{V[j]}^{\Pi(x_1)})^{a_2} - r(J_{V[j]}^{\tilde{\Pi}(x_1)})^{a_2}] < 0$$

而根据构造过程，我们有 $r(J_{I[j]}^{\hat{\Pi}(x_2)}) = r(J_{I[j]}^{\Pi(x_1)})$，$P_{[j]}^H \geqslant P_{[j]}^V$，$r(J_{H[j]}^{\hat{\Pi}(x_2)}) = r(J_{V[j]}^{\Pi(x_1)})$，$r(J_{V[j]}^{\hat{\Pi}(x_2)}) = r(J_{V[j]}^{\tilde{\Pi}(x_1)})$，$r(J_{H[j]}^{\hat{\Pi}(x_2)})^{a_2} \leqslant r(J_{H[j]}^{\Pi(x_2)})^{a_2}$。因此，我们可得 $Z(\hat{\Pi}(x_2), x_2) - Z(\Pi(x_2), x_2) < 0$。第二部分的证明完毕。

证毕。

推论 3.1：如果 $x_1 < x_2$，对于两个不同的最优方案 $\Pi(x_1)$ 和 $\Pi(x_2)$，$\Pi(x_1)$ 只可能通过以下三种情形转化为 $\Pi(x_2)$：

情形 1：$\Pi(x_1)$ 中的某些工件被具有更大标准加工时间的工件替换，

情形 2：一些新的工件加入到 $\Pi(x_1)$，

情形 3：以上情形 1 和情形 2 同时发生。

引理 3.4：对于任意诱导学习率区间 $[x_1, x_2]$，如果 x_1 和 x_2 处的最优准时集合相同，那么在区间 (x_1, x_2) 不会存在其他不同的最优准时集合。

证明：令 $\Pi(x_1) = \Pi(x_2) \neq \Pi(x_3)$ 表示 $x_1 < x_3 < x_2$ 处的最优准时工件集合。$|\Pi(x_1)| = |\Pi(x_2)| = k$。根据推论 3.1，我们知道 $\Pi(x_1)$ 可能通过三种方式转化为 $\Pi(x_3)$。

如果 $\Pi(x_1)$ 通过情形 2 或者情形 3 转化为 $\Pi(x_3)$，那么我们有 $k_3 = |\Pi(x_3)| > k$。根据引理 3.3，我们知道准时工件集合中的工件数量不会随着 x 的增加而减少，这意味着 $\Pi(x_2)$ 的准时工件数量必定不会小于 $\Pi(x_3)$ 中的数量，这与 $|\Pi(x_2)| = k$ 相矛盾，因此，不存在 $\Pi(x_3)$ 通过 $\Pi(x_1)$ 利用情形 2 和情形 3 转化而来的可能。

如果 $\Pi(x_1)$ 通过情形 1 转化为 $\Pi(x_3)$，那么 $\Pi(x_1)$，$\Pi(x_2)$，$\Pi(x_3)$ 具有相同的工件数量 k。令：

$$f(x) = Z(\Pi(x_3), x) - Z(\Pi(x_1), x)$$
$$= \sum_{j=1}^{k} n\beta(P_{[j]}^{\Pi(x_3)} - P_{[j]}^{\Pi(x_1)})j^a - \sum_{j=1}^{k} \alpha_{[j]}^{\Pi(x_3)} + \sum_{j=1}^{k} \alpha_{[j]}^{\Pi(x_1)}$$

根据 $\Pi(x_3)$ 在 x_3 处的最优性，我们可知 $f(x_3) \leqslant 0$。根据推论 3.1，我们有 $P_{[j]}^{\Pi(x_1)} \leqslant P_{[j]}^{\Pi(x_3)}$，$\forall j = 1, 2, \cdots, k$。结合 j^a，$a = \log_2(1-x)z$ 随着 x 增大而递减，我们有 $f(x) < 0$，$\forall x \in (x_3, x_2]$。即：

$$f(x_2) = Z(\Pi(x_3), x_2) - Z(\Pi(x_1), x_2) < 0$$

由于 $\Pi(x_1) = \Pi(x_2)$，我们可得：

$$Z(\Pi(x_3), x_2) - Z(\Pi(x_2), x_2) < 0$$

这与 $\Pi(x_2)$ 在 x_2 处最优矛盾。因此 $\Pi(x_1)$ 也不会通过情形 1 转化为 $\Pi(x_3)$。

根据以上的分析，我们最终得出引理陈述的结论。**证毕。**

3.4.2　多项式时间最优算法

根据前两节的结论，我们给出如下的多项式时间最优算法来求解此问题。算法的主要思想是把诱导学习可行区间划分为一系列的子区间，在每一个子区间内，通过动态规划算法取得的准时工件集合稳定不变。然后在每一个子区间内简单求解关于 x 的凸函数 $F(\Pi, x) = Z(\Pi, x) + k(x)$ 以获得局部最优的诱导学习率。

算法 3.2

步骤 1：初始化。对于诱导学习率可行区间 $[0, x_{\max}]$，令 $x_{\text{left}} = 0$，$x_{\text{right}} = x_{\max}$。我们可以通过第 3.3 节的动态规划算法分别获得最优的准时工件方案 $\Pi^*(x_{\text{left}})$ 和 $\Pi^*(x_{\text{right}})$。在同一个 x 处可能存在多个最优的准时工件方案，此时随意选取一个。如果 $\Pi^*(x_{\text{left}})$ 和 $\Pi^*(x_{\text{right}})$ 相同，那么此为全局最优的准时工件方案，我们直接转到步骤 5。

步骤 2：划分区间。根据当前区间两端的最优准时工件集合 $\Pi^*(x_{\text{left}})$、$\Pi^*(x_{\text{right}})$ 以及公式（3-2），我们可以得到它们对应的两个凸函数 $Z(\Pi^*(x_{\text{left}}), x)$、$Z(\Pi^*(x_{\text{right}}), x)$。然后令它们相等，由于 $Z(\Pi^*(x_{\text{left}}), x_{\text{left}}) < Z(\Pi^*(x_{\text{right}}), x_{\text{left}})$，$Z(\Pi^*(x_{\text{left}}), x_{\text{right}}) > Z(\Pi^*(x_{\text{right}}), x_{\text{right}})$，它们之间必然存在至少一个交点，如果存在多个交点，任意选取一个即可，记为 $\hat{x}$。

步骤 3：迭代寻找所有的子区间。对于交点 $\hat{x}$，利用动态规划算法求解它对应的最优准时工件集合 $\Pi(\hat{x})$。与步骤 1 类似，此时可能存在多个最优的准时工件方案，记为 $\Pi^l(\hat{x})$，$l = 1, 2, \cdots, k$。

- 如果存在方案 $\Pi^l(\hat{x})$ 与区间两端的方案 $\Pi^*(x_{\text{left}})$ 或 $\Pi^*(x_{\text{right}})$ 相同，根据引理 3.4，这意味着此时 $\Pi^*(x_{\text{left}})$ 为区间 $[x_{\text{left}}, \hat{x}]$ 内的最优方案，$\Pi^*(x_{\text{right}})$ 为区间 $[\hat{x}, x_{\text{right}}]$ 内的最优方案。
- 否则从方案 $\Pi^l(\hat{x})$，$l = 1, 2, \cdots, k$ 中任选一个作为交点 $\hat{x}$ 处的最优方案，记为 $\Pi^*(\hat{x})$。令 $x_{\text{left}} = x_{\text{left}}$，$x_{\text{right}} = \hat{x}$，转到步骤2；令 $x_{\text{left}} = \hat{x}$，$x_{\text{right}} = x_{\text{right}}$，转到步骤2。

步骤4： 寻找局部最优解。将步骤3找到的所有子区间记为 $[0, \hat{x}_1]$，$[\hat{x}_1, \hat{x}_2]$，$\cdots$，$[\hat{x}_T, x_{\max}]$。

在每一个子区间内，求解关于 x 的凸函数 $F(\Pi, x) = \sum_{j=1}^{n} (\alpha_j U_j + \beta d) + k(x)$，获得当前区间的最优诱导学习率 x 和最小目标函数值。

步骤5： 输出最优解。输出全局最优准时工件集合 Π^*、最优诱导学习率 x^* 和最优目标函数值。

定理 3.2： 算法 3.2 可以在最多 $O(n^5)$ 的时间复杂度内为 $1 | P_{jr} = P_j r^{\log_2[(1-x)z]} | \sum_{j=1}^{n} (\alpha_j U_j + \beta d) + k(x)$ 找到最优解。

证明： 根据引理 3.3，随着 x 的增大，准时工件集合中的工件数量不会减少，那么仅从工件数量来说，我们最多有 $n+1$ 种可能，每一种可能都对应着一个子区间。并且在同一个子区间内，可能存在多个准时工件数量相等的集合，此时根据推论 3.1，只有具有更大标准加工时间的工件才能替换进集合，且需要满足从小到大的排序，因此同一个集合内通过替换最多产生 n^2 个不同的集合。所以，最多有 n^3 种准时工件集合，每一个集合对应着一个子区间。根据算法 3.2 的划分过程，对于每一个子区间，我们最多需要进行三次动态规划算法来确认它的边界，因此，算法 3.2 总的时间复杂度上界为 $O(n^5)$。证毕。

3.4.3 数值实验

我们使用一个含有 8 个工件的小例子来展示一遍算法的工作流程。算例参数如下：$P_1 = 4$，$P_2 = 7$，$P_3 = 9$，$P_4 = 10$，$P_5 = 12$，$P_6 = 18$，$P_7 = 25$，$P_8 = 33$；$\alpha_1 = 5$，$\alpha_2 = 4$，$\alpha_3 = 8$，$\alpha_4 = 6$，$\alpha_5 = 2$，$\alpha_6 = 9$，$\alpha_7 = 10$，$\alpha_8 = 25$；$x \in [0, 0.5]$，$z = 1$，$\beta = 1/8$，$k(x) = 180x^2$。

首先，我们需要根据算法 3.2 对可行区间进行划分，并找到每一个子区间内的最优准时工件集合。寻找过程每一步如下所述，并且每一步的函数图象也展示在了图 3-6 中，以方便直观理解。

通过动态规划算法，我们发现 $\Pi^*(0) = \{J_1\}$，$\Pi^*(0.5) = \{J_1, J_2, J_3, J_4, J_5, J_6, J_7, J_8\}$。然后我们得到两个凸函数 $Z(\Pi^*(0), x)$ 和 $Z(\Pi^*(0.5), x)$，可以从图 3-6 中观察到这两个函数的曲线。

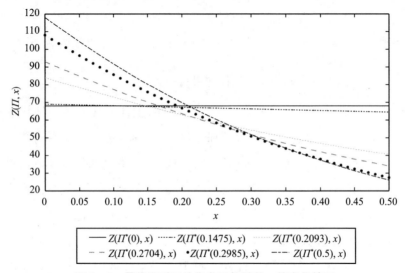

图 3-6　最优准时工件集合函数随着 x 的变化情况

接下来我们根据算法 3.2 的步骤 2 来寻找所有可能局部最优准时工件集合和对应的子区间。令 $Z(\Pi^*(0), x) = Z(\Pi^*(0.5), x)$，我们找到交点 $\hat{x} = 0.2093$ 和对应的最优方案 $\Pi^*(0.2093) = \{J_1, J_2, J_3, J_4, J_8\}$。

（1）令 $Z(\Pi^*(0), x) = Z(\Pi^*(0.2093), x)$，我们得到交点 $\hat{x} = 0.1475$ 和对应的最优方案 $\Pi^*(0.1475) = \{J_1, J_3\}$。

①令 $Z(\Pi^*(0), x) = Z(\Pi^*(0.1475), x)$，我们得到交点 $\hat{x} = 0.1112$ 和两个对应的最优方案 $\{J_1\}$，$\{J_1, J_3\}$。因此根据引理 3.4，$\{J_1\}$ 是子区间 $[0, 0.1112]$ 内的最优方案，$\{J_1, J_3\}$ 是子区间 $[0.1112, 0.1475]$ 内的最

优方案。

②令 $Z(\Pi^*(0.1475)$，$x)=Z(\Pi^*(0.2093)$，$x)$，我们得到交点 $\hat{x}=$ 0.1512 和两个对应的最优方案 $\{J_1, J_3\}$，$\{J_1, J_2, J_3, J_4, J_8\}$。因此，$\{J_1$，$J_3\}$ 是子区间 $[0.1475, 0.1512]$ 内的最优方案，$\{J_1, J_2, J_3, J_4, J_8\}$ 是子区间 $[0.1512, 0.2093]$ 内的最优方案。

（2）令 $Z(\Pi^*(0.2093)$，$x)=Z(\Pi^*(0.5)$，$x)$，我们得到交点 $\hat{x}=$ 0.2704 和对应的最优方案 $\Pi^*(0.2704)=\{J_1, J_2, J_3, J_4, J_6, J_8\}$。

①令 $Z(\Pi^*(0.2093)$，$x)=Z(\Pi^*(0.2704)$，$x)$，我们得到交点 $\hat{x}=0.2181$ 和两个对应的最优方案 $\{J_1, J_2, J_3, J_4, J_8\}$，$\{J_1, J_2, J_3, J_4, J_6, J_8\}$。因此，$\{J_1, J_2, J_3, J_4, J_8\}$ 是子区间 $[0.2093, 0.2181]$ 内的最优方案，$\{J_1$，$J_2, J_3, J_4, J_6, J_8\}$ 是子区间 $[0.2181, 0.2704]$ 内的最优方案。

②令 $Z(\Pi^*(0.2704)$，$x)=Z(\Pi^*(0.5)$，$x)$，我们得到交点 $\hat{x}=0.2985$ 和对应的最优方案 $\{J_1, J_2, J_3, J_4, J_6, J_7, J_8\}$。

• 令 $Z(\Pi^*(0.2704)$，$x)=Z(\Pi^*(0.2985)$，$x)$，我们得到交点 $\hat{x}=$ 0.2724 和两个对应的最优方案 $\{J_1, J_2, J_3, J_4, J_6, J_8\}$，$\{J_1, J_2, J_3, J_4$，$J_6, J_7, J_8\}$。因此，$\{J_1, J_2, J_3, J_4, J_6, J_8\}$ 是子区间 $[0.2704, 0.2724]$ 内的最优方案，$\{J_1, J_2, J_3, J_4, J_6, J_7, J_8\}$ 是子区间 $[0.2724, 0.2985]$ 内的最优方案。

• 令 $Z(\Pi^*(0.2985)$，$x)=Z(\Pi^*(0.5)$，$x)$，我们得到交点 $\hat{x}=0.3621$ 和两个对应的最优方案 $\{J_1, J_2, J_3, J_4, J_6, J_7, J_8\}$，$\{J_1, J_2, J_3, J_4$，$J_5, J_6, J_7, J_8\}$。因此，$\{J_1, J_2, J_3, J_4, J_6, J_7, J_8\}$ 是子区间 $[0.2985$，$0.3621]$ 内的最优方案，$\{J_1, J_2, J_3, J_4, J_5, J_6, J_7, J_8\}$ 是子区间 $[0.3621, 0.5]$ 内的最优方案。

最后，对每一个子区间和其对应的最优准时工件集合，求解如下的凸函数 $F(\Pi, x)=\sum_{j=1}^{n}(\alpha_j U_j+\beta d)+k(x)$。我们将最终结果展示在表 3-1 中，凸函数图象展示在图 3-7 中。

表 3 –1   所有的子区间和对应的最优方案

子区间	准时工件集合	最优的 x	最优值
[0, 0. 1112]	{1}	0	68
[0. 1112, 0. 1512]	{1, 3}	0. 1112	70. 2256
[0. 1512, 0. 2181]	{1, 2, 3, 4, 8}	0. 2181	69. 8821
[0. 2181, 0. 2724]	{1, 2, 3, 4, 6, 8}	0. 2724	68. 2877
[0. 2724, 0. 3621]	{1, 2, 3, 4, 6, 7, 8}	0. 3561	66. 0366
[0. 3621, 0. 5]	**{1, 2, 3, 4, 5, 6, 7, 8}**	**0. 3766**	**65. 9747**

注：表中黑体加粗的为当前的最优解。

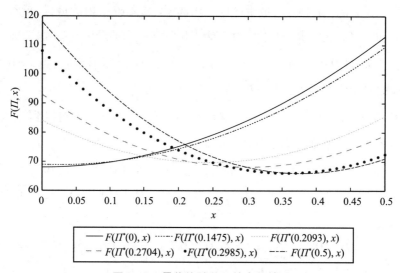

图 3 –7　最优值随着 x 的变化情况

3.5　相关拓展和本章小结

本章在同时考虑自主学习和诱导学习效应的情况下，研究最小化总加权延误工件数量这一问题。我们发现本章的分析过程和结论也可以拓展到 DeJong 学

习效应模型下 $p_{jr} = p_j \left[R + (1-R) r^{\log_2 [(1-x)z]} \right] (0 \leqslant R \leqslant 1)$。

本章研究自主学习和诱导学习效应同时存在的情况下，如何决策交货期和诱导学习率以最小化一个包含了加权延误工件数量、交货期成本和诱导学习成本的目标函数。对问题进行仔细分析后，我们发现了一些新颖且非常有效的性质，依据这些新发现我们最终设计了一个多项式时间的最优算法。我们也给出了一个算例来展示算法的完整工作流程。

第 4 章

双重学习效应下带有分组加工
和交货期窗口决策的问题

4.1 引　　言

本章结合了调度理论中的三个热门主题：成组加工、交货期窗口和学习效应，研究了一个与各个分组相关的交货期时间窗分配问题，并在模型中进一步纳入了自主学习和诱导学习效应。本章的研究目的是找到适当的交货期窗口分配，工件和工件小组的顺序以及诱导学习水平的最佳策略，这些策略最终优化了与交货期相关的惩罚以及投资成本。我们提出了一种能够解决这个问题的多项式时间算法。另外，还进行了详细的数值实验。

本章的其余部分安排如下：在第 4.2 节中，我们介绍了所研究的调度问题，包括符号和模型表示。在第 4.3 节中，我们针对给定水平的诱导学习效应分析了问题的性质，并提供了最佳解决方案需要满足的一些属性。在第 4.4 节中，我们首先展示了如何控制学习效应带来的影响，然后提出了一个 $O(n^2 \log n)$ 算法来解决该问题。在本节中，我们还将提供一个数值示例来说明算法的工作原理。在第 4.5 节中，我们考虑了模型的扩展并总结了本章。

4.2 问题描述和建模

下面将介绍本章节涉及的符号定义，并且在需要的时候我们会引入额外的符号定义。

- G_i：第 i 组待加工的工件集合，$i = 1, 2, \cdots, m$。
- n_i：组 G_i 中待加工工件的数量。
- J_{ij}：组 G_i 中的工件 j，$j = 1, 2, \cdots, n_i$。
- p_{ij}：工件 J_{ij} 的标准加工时间。
- p_{ijr}：工件 J_{ij} 安排在 r 位置加工时的实际加工时间，$r = 1, 2, \cdots, n_i$。
- C_{ij}：工件 J_{ij} 的完工时间。
- $[j]$：在一个排序计划中，被安排在第 j 个位置。
- $[ij]$：第 i 个加工的分组，组内第 j 个位置。
- x：诱导学习中自主学习率的提升百分比。
- z：工人的自主学习效应的学习率。
- $k(x)$：为了达到 x 而需付出的投资成本。
- s_i：组 G_i 开始前的转换时间。
- S_i：组 G_i 的开始加工时间。
- d_i^1：组 G_i 的交货期窗口开始时间。
- d_i^2：组 G_i 的交货期窗口截止时间。
- D：组 G_i 的交货期窗口的大小。
- E_{ij}：工件 J_{ij} 提前的时间。
- T_{ij}：工件 J_{ij} 延后的时间。
- α_i：提前完工的单位时间惩罚。
- β_i：延后完工的单位时间惩罚。
- γ_i：交货期窗口开始时间大小的单位时间惩罚。

- δ_i：交货期窗口大小的单位时间惩罚。

接下来将对本章所研究的问题进行详细的介绍：我们有 n 个工件需要在一个单台机上进行加工，并且这些工件事先被分成了 m 组 $\{G_1, G_2, \cdots, G_m\}$。工件分组依据的是它们的相似性，包括工件加工方式、所需机器配置等。每个分组 G_i 包含 n_i 个工件 $\{J_{i1}, J_{i2}, \cdots, J_{in_i}\}$，并且 $\sum\limits_{i=1}^{m} n_i = n$。所有的工件在开始时刻都已到达。机器在同一时刻只能加工一个工件，并且加工过程无法中断。同一组内的工件必须连续进行加工。在每一个分组开始前，都需要有一个必要的转换时间，用来调整加工的资源环境，我们假设这个转换时间是与分组相关的，分组 G_i 的转换时间是 s_i。对于一个已完成的调度 π，$S_i(\pi)$ 表示在这个调度中分组 G_i 的开始加工时间。每一个工件的标准加工时间表示为 p_{ij}。工件的实际加工时间服从前文定义的双重学习效应模型，即 $p_{ijr} = p_{ij} r^{\log_2[(1-x)z]}$，有关此模型的详细介绍见本书第 2.2 节，这里不再赘述。

在此模型中，每一个分组 G_i 都有各自的交货期窗口 $[d_i^1, d_i^2]$，其中窗口的大小为 $D = d_i^2 - d_i^1$。在窗口前后完工的工件会产生提前和延后惩罚，而在窗口内完工的工件则不会产生惩罚。令 C_{ij} 代表工件的完工时间，那么工件的提前时间计算公式为 $E_{ij} = \max\{d_i^1 - C_{ij}, 0\}$，延后时间计算公式为 $T_{ij} = \max\{C_{ij} - d_i^2, 0\}$。图 4-1 展示了工件 J_{i1} 和 J_{i7} 的提前和延误惩罚示意图。研究目标是通过找到最优的分组交货期窗口、诱导学习率 x 以及分组和组内工件的加工顺序，最终实现包含与交货期窗口相关的成本以及投资成本在内的总成本的最小化，目标函数表达式如下：

$$Z(\pi, x) = \sum_{i=1}^{m} \sum_{j=1}^{n_i} (\alpha_i E_{ij} + \beta_i T_{ij} + \gamma_i d_i^1 + \delta_i D_i) + k(x) \qquad (4-1)$$

其中，α_i，β_i，γ_i，δ_i 是与分组相关的非负参数。采用格雷厄姆等（Graham et al.，1979）的三划分表示方法，我们研究的问题可以表示为 $1 \,|\, GT, p_{ijr} = p_{ij} r^{\log_2[(1-x)z]} \,|\, \sum\limits_{i=1}^{m} \sum\limits_{j=1}^{n_i} (\alpha_i E_{ij} + \beta_i T_{ij} + \gamma_i d_i^1 + \delta_i D_i) + k(x)$。

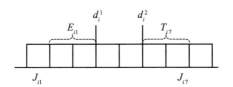

图 4 - 1 交货期窗口及目标函数

4.3 问题的一些最优性质探索

此最优的调度有一个很显然的性质，即在 0 时刻开始加工，并且在加工过程中不会出现空闲时间。如果一个单台机的调度问题仅包含交货期窗口决策而不包括分组加工，那么根据利曼等（Liman et al.，1998）的研究结果，交货期窗口的开始时间不小于 0，交货期窗口的截止时间不大于最后一个工件的完工时间，并且它们分别等于某两个工件的完工时间。由于在我们的模型中存在多个分组，现在我们需要额外确定每个分组的交货期窗口是否依然在该分组内。所以我们就有了下面的性质。

性质 4.1：包含了分组加工技术的调度问题，如果需要决策每个分组的交货期窗口，分组 G_i 的交货期窗口根据模型参数存在以下三种情形：

情形 1：交货期窗口的开始时间和截止时间都在分组 G_i 内部；

情形 2：交货期窗口的开始时间等于开始时刻 0，交货期窗口的截止时间在分组 G_i 内部；

情形 3：交货期窗口决策问题退化为交货期决策问题。

证明：分组 G_i 的交货期窗口 $[d_i^1, d_i^2]$ 可能存在以下六种情形：①d_i^1 和 d_i^2 都小于分组 G_i 的开始加工时间；②d_i^1 小于分组 G_i 的开始加工时间，而 d_i^2 大于分组 G_i 的开始加工时间，小于分组 G_i 最后一个工件的完工时间；③d_i^1 小于分组 G_i 的开始加工时间，d_i^2 大于分组 G_i 最后一个工件的完工时间；④d_i^1 和 d_i^2 都大于分组 G_i 的开始加工时间，小于分组 G_i 最后一个工件的完工时间；⑤d_i^1 大于分组 G_i 的开始加工时间，小于分组 G_i 最后一个工件的完工时间，

而 d_i^2 大于分组 G_i 最后一个工件的完工时间；⑥d_i^1 和 d_i^2 都大于分组 G_i 最后一个工件的完工时间。

以上六种情形，经过分析讨论，最终可以简化为三种，我们以情形①为例展开分析。首先考虑交货期窗口的开始时间 d_i^1，根据模型参数可能的取值，我们有如下讨论。如果 $\delta_i \leq \gamma_i$，我们可以把 d_i^1 向左微移 Δ，目标函数的变化为 $\Delta Z_i = -\gamma_i n_i \Delta + \delta_i n_i \Delta \leq 0$。把 d_i^1 向右微移 Δ 后，目标函数的变化为 $\Delta Z_i = \gamma_i n_i \Delta - \delta_i n_i \Delta \geq 0$。因此我们可以将 d_i^1 一直向左移动，直到 0 时刻，而且也不会增加总的目标函数。如果 $\delta_i > \gamma_i$，我们可以把 d_i^1 向左微移 Δ，目标函数的变化为 $\Delta Z_i = -\gamma_i n_i \Delta + \delta_i n_i \Delta > 0$。把 d_i^1 向右微移 Δ 后，目标函数的变化为 $\Delta Z_i = \gamma_i n_i \Delta - \delta_i n_i \Delta < 0$。因此我们可以将 d_i^1 一直向右移动，直到 d_i^2，而且也不会增加总的目标函数。也即 d_i^1 要么向左移动到 0 时刻，要么向右移动，直到 $d_i^1 = d_i^2$。接下来我们考虑交货期窗口的截止时间 d_i^2。如果 $\beta_i \leq \delta_i$，我们可以把 d_i^2 向左微移 Δ，目标函数的变化为 $\Delta Z_i = -\delta_i n_i \Delta + \beta_i n_i \Delta \leq 0$。把 d_i^2 向右微移 Δ 后，目标函数的变化为 $\Delta Z_i = \delta_i n_i \Delta - \beta_i n_i \Delta > 0$。因此我们可以把 d_i^2 向左移动，直到 $d_i^2 = d_i^1$，并且目标函数不会增加。如果 $\beta_i > \delta_i$，我们可以把 d_i^2 向左微移 Δ，目标函数的变化为 $\Delta Z_i = -\delta_i n_i \Delta + \beta_i n_i \Delta > 0$。把 d_i^2 向右微移 Δ 后，目标函数的变化为 $\Delta Z_i = \delta_i n_i \Delta - \beta_i n_i \Delta < 0$。此时，我们可以把 d_i^2 向右移动，直到分组 G_i 内的第一个工件的开始时间。这样操作同样不会增加目标函数。最终，仅有三种可能的情况保留下来：情形 1，d_i^1 和 d_i^2 都处于分组 G_i 内部；情形 2，$d_i^1 = 0$，d_i^2 处于分组 G_i 内部；情形 3，d_i^1 等于 d_i^2，交货期窗口转化为交货期。

对于剩下的五种情形，我们可以通过相同的分析方法得到类似的结论，因此这里就不再一一讨论。

证毕。

接下来我们将会介绍几个对于设计最终求解方法非常重要的引理。由于诱导学习率会影响总的学习效率，从而影响到调度结果，在本节我们将会在给定诱导学习率的前提下，给出一些引理，我们将在下一小节介绍如何控制诱导学习率带来的影响。

引理 4.1：对于一个给定调度 π 和诱导学习率 x，如果交货期窗口开始时间 d_i^1 和截止时间 d_i^2 都在组 G_i 内，那么最优的交货期窗口决策一定是 d_i^1 和 d_i^2 分别等于组内两个工件的完成时间。

证明：定义 $a = \log_2\left[(1-x)z\right]$，那么当 x 事先给定时，自主和诱导学习率与投资成本 $k(x)$ 就是两个常数。那么我们研究的问题就转化为 $1 \mid GT, p_{ijr} = p_{ij}r^a \mid \sum_{i=1}^{m} \sum_{j=1}^{n_i} (\alpha_i E_{ij} + \beta_i T_{ij} + \gamma_i d_i^1 + \delta_i D_i) + k(x)$。此时如果所有的工件都属于一个分组并且转换时间为 0，摩西和萨里格（Mosheiov and Sarig, 2008）的结果显示存在一个最优的调度，它的交货期窗口开始时间和截止时间分别等于两个工件的完成时间。因为他们的证明与工件在时间轴上的分布无关，所以他们的结论可以直接推广到我们的模型 $1 \mid GT,\ p_{ijr} = p_{ij}r^{\log_2\left[(1-x)z\right]} \mid$ $\sum_{i=1}^{m} \sum_{j=1}^{n_i} (\alpha_i E_{ij} + \beta_i T_{ij} + \gamma_i d_i^1 + \delta_i D_i) + k(x)$。**证毕**。

引理 4.2：对于一个给定调度 π 和诱导学习率 x，如果交货期窗口开始时间 d_i^1 和截止时间 d_i^2 都在组 G_i 内，那么存在一个最优的交货期窗口决策满足以下条件 $d_i^1 = S_i(\pi) + s_i + \sum_{j=1}^{k_i} p_{i[j]}j^{\log_2\left[(1-x)z\right]}$，$d_i^2 = S_i(\pi) + s_i + \sum_{j=1}^{l_i} p_{i[j]}j^{\log_2\left[(1-x)z\right]}$，其中 $k_i = \left[n_i(\delta_i - \gamma_i)/\alpha_i\right]$，$l_i = \left[n_i(\beta_i - \delta_i)/\beta_i\right]$。

证明：证明的方法与摩西和萨里格（Mosheiov and Sarig, 2009）类似，可以通过扰动法来证明。根据引理 4.1，对于 G_i 的交货期窗口开始时间，我们假设 $d_i^1 = S_i(\pi) + s_i + \sum_{j=1}^{k_i} p_{i[j]}j^{\log_2\left[(1-x)z\right]}$。将 d_i^1 向左移动 Δ 后，我们可得 $-\alpha_i(k_i - 1)\Delta - \gamma_i n_i \Delta + \delta_i n_i \Delta$，将 d_i^1 向右移动 Δ 后我们可得 $\alpha_i k_i \Delta + \gamma_i n_i \Delta - \delta_i n_i \Delta$。根据引理 4.1，交货期必定等于某个工件的完工时间，我们可知移动 Δ 后目标函数一定是增大了的。因此，根据 $-\alpha_i(k_i - 1)\Delta - \gamma_i n_i \Delta + \delta_i n_i \Delta \geq 0$ 和 $\alpha_i k_i \Delta + \gamma_i n_i \Delta - \delta_i n_i \Delta \geq 0$，我们可得 $k_i = \left[n_i(\delta_i - \gamma_i)/\alpha_i\right]$。通过类似分析，我们可得 $l_i = \left[n_i(\beta_i - \delta_i)/\beta_i\right]$。**证毕**。

对于一个给定调度 π 和诱导学习率 x，如果组 G_i 的参数满足比值 $0 < [n_i$

$(\delta_i - \gamma_i)/\alpha_i] < [n_i(\beta_i - \delta_i)/\beta_i]$，那么我们可以依据引理 4.1 和引理 4.2 来决定组 G_i 的交货期窗口。但是参数也可能无法满足以上条件，例如，对于一组给定的参数，也可能存在下面这种情形 $[n_i(\delta_i - \gamma_i)/\alpha_i] \geq [n_i(\beta_i - \delta_i)/\beta_i]$，此时我们需要更进一步的分析。参考季等（Ji et al.，2014），我们有以下引理。

引理 4.3：对于一个给定调度 π 和诱导学习率 x，①如果 $[n_i(\delta_i - \gamma_i)/\alpha_i] \leq 0 < [n_i(\beta_i - \delta_i)/\beta_i]$，那么时间窗口的开始时间 $d_i^1 = 0$，截止时间 $d_i^2 = S_i(\pi) + s_i + \sum_{j=1}^{l_i} p_{i[j]} j^{\log_2[(1-x)z]}$，其中 $l_i = [n_i(\beta_i - \delta_i)/\beta_i]$。②如果 $[n_i(\delta_i - \gamma_i)/\alpha_i] \geq [n_i(\beta_i - \delta_i)/\beta_i]$ 或者 $[n_i(\delta_i - \gamma_i)/\alpha_i] < [n_i(\beta_i - \delta_i)/\beta_i] \leq 0$，那么交货期窗口决策问题转化为交货期决策问题。根据李等（Li et al.，2011）的结果，最优交货期 d_i 如下：

$$
d_i = \begin{cases} S_i(\pi) + s_i + \sum_{j=1}^{k_i} p_{i[j]} j^{\log_2[(1-x)z]}, & \text{如果 } \beta_i > \gamma_i \\ 0, & \text{如果 } \beta_i \leq \gamma_i \end{cases}
$$

其中，$k_i = [n_i(\beta_i - \gamma_i)/(\alpha_i + \beta_i)]$。

证明：详细的证明见季等（Ji et al.，2014）。**证毕**。

通过引理 4.1～引理 4.3，我们知道根据 $[n_i(\delta_i - \gamma_i)/\alpha_i]$ 和 $[n_i(\beta_i - \delta_i)/\beta_i]$，这两个值的大小，模型中交货期窗口决策存在以下三种可能：

情形 I：$0 < [n_i(\delta_i - \gamma_i)/\alpha_i] < [n_i(\beta_i - \delta_i)/\beta_i]$。此情况下，模型所研究的是一个标准的交货期窗口，而且交货期窗口可以根据引理 4.1 和引理 4.2 决定。

情形 II：$[n_i(\delta_i - \gamma_i)/\alpha_i] \leq 0 < [n_i(\beta_i - \delta_i)/\beta_i]$。此情况下，模型所研究的是一个特别的交货期窗口，交货期窗口开始时间为 0 时刻，截止时间可以根据引理 4.3 的情形①决定。

情形 III：$[n_i(\delta_i - \gamma_i)/\alpha_i] \geq [n_i(\beta_i - \delta_i)/\beta_i]$ 或者 $[n_i(\beta_i - \delta_i)/\beta_i] \leq 0$。此时模型退化为一个交货期决策问题，交货期可以依据引理 4.3 的情形②决定。

值得注意的是，上面的分析结果也和性质 4.1 相吻合。引理 4.2 和引理 4.3 中 k_i 和 l_i 的计算方法与工件的加工时间、加工顺序无关，也与诱导学习率无关，因此它们适用于任何一个分组和模型参数。根据上面所列的三种情形，我们有以下的引理。

引理 4.4： 对于一个给定调度 π 和诱导学习率 x，在参数满足交货期窗口决策的情形 I 时，与分组 G_i 相关的成本函数为：

$$Z_i(\pi, x) = \sum_{j=1}^{n_i} w_{i[j]} p_{i[j]} j^{\log_2[(1-x)z]} + \gamma_i n_i [S_i(\pi) + s_i]$$

其中，

$$w_{i[j]} = \begin{cases} \alpha_i(j-1) + \gamma_i n_i, & 1 \leq j \leq k_i \\ \delta_i n_i, & k_i+1 \leq j \leq l_i \\ \beta_i(n_i - j + 1), & l_i + 1 \leq j \leq n_i \end{cases}$$

证明： 不失一般性地，我们假设分组 G_i 的交货期窗口属于情形 I。根据引理 4.1 和引理 4.2，分组 G_i 的交货期窗口开始和截止时间为 $d_i^1 = S_i(\pi) + s_i + \sum_{j=1}^{k_i} p_{i[j]} j^{\log_2[(1-x)z]}$、$d_i^2 = S_i(\pi) + s_i + \sum_{j=1}^{l_i} p_{i[j]} j^{\log_2[(1-x)z]}$。这里 $S_i(\pi)$ 是分组 G_i 的开始时间，s_i 为它开始加工前的转换时间。我们令 $a = \log_2[(1-x)z]$，那么与分组 G_i 相关的目标函数（不包含诱导学习投资成本函数）为：

$$Z_i(\pi, x) = \sum_{j=1}^{n_i} (\alpha_i E_{ij} + \beta_i T_{ij} + \gamma_i d_i^1 + \delta_i D_i)$$

$$= \alpha_i \sum_{j=1}^{k_i} (d_i^1 - C_{i[j]}) + \beta_i \sum_{j=l_i}^{n_i} (C_{i[j]} - d_i^2) + \gamma_i \sum_{j=1}^{n_i} d_i^1 + \delta_i \sum_{j=1}^{n_i} (d_i^2 - d_i^1)$$

$$= \alpha_i(\{[S_i(\pi) + s_i + \sum_{j=1}^{k_i} p_{i[j]} j^a] - [S_i(\pi) + s_i + p_{i[1]} 1^a]\} + \cdots$$

$$+ \{[S_i(\pi) + s_i + \sum_{j=1}^{k_i} p_{i[j]} j^a] - [S_i(\pi) + s_i + \sum_{j=1}^{k_i} p_{i[j]} j^a]\})$$

$$+ \beta_i(\{[S_i(\pi) + s_i + \sum_{j=1}^{l_i} p_{i[j]} j^a] - [S_i(\pi) + s_i + \sum_{j=1}^{l_i} p_{i[j]} j^a]\} + \cdots$$

$$+ \{[S_i(\pi) + s_i + \sum_{j=1}^{n_i} p_{i[j]} j^a] - [S_i(\pi) + s_i + \sum_{j=1}^{l_i} p_{i[j]} j^a]\})$$

$$+ \gamma_i n_i \Big[S_i(\pi) + s_i + \sum_{j=1}^{k_i} p_{i[j]} j^a \Big] + \delta_i n_i \Big\{ \Big[S_i(\pi) + s_i + \sum_{j=1}^{l_i} p_{i[j]} j \Big]$$

$$- \Big[S_i(\pi) + s_i + \sum_{j=1}^{k_i} p_{i[j]} j^a \Big] \Big\}$$

$$= \alpha_i \sum_{j=1}^{k_i} (j-1) p_{i[j]} j^a + \beta_i \sum_{j=l_i+1}^{n_i} (n_i - j + 1) p_{i[j]} j^a + \gamma_i n_i \sum_{j=1}^{k_i} p_{i[j]} j^a$$

$$+ \gamma_i n_i \Big[S_i(\pi) + s_i \Big] + \delta_i n_i \sum_{j=k_i+1}^{l_i} p_{i[j]} j^a$$

$$= \sum_{j=1}^{n_i} w_{i[j]} p_{i[j]} j^a + \gamma_i n_i \Big[S_i(\pi) + s_i \Big]$$

其中，

$$w_{i[j]} = \begin{cases} \alpha_i (j-1) + \gamma_i n_i, & 1 \leqslant j \leqslant k_i \\ \delta_i n_i, & k_i + 1 \leqslant j \leqslant l_i \\ \beta_i (n_i - j + 1), & l_i + 1 \leqslant j \leqslant n_i \end{cases}$$

证毕。

引理 4.5： 对于一个给定调度 π 和诱导学习率 x，在参数满足交货期窗口决策的情形 II 时，与分组 G_i 相关的成本函数为：

$$Z_i(\pi, x) = \sum_{j=1}^{n_i} w_{i[j]} p_{i[j]} j^{\log_2[(1-x)z]} + \delta_i n_i \Big[S_i(\pi) + s_i \Big]$$

其中，

$$w_{i[j]} = \begin{cases} \delta_i n_i, & 1 \leqslant j \leqslant l_i \\ \beta_i (n_i - j + 1), & l_i + 1 \leqslant j \leqslant n_i \end{cases}$$

证明： 假设分组 G_i 的交货期窗口属于情形 II。根据引理 4.3，它的交货期窗口为 $d_i^1 = 0$、$d_i^2 = S_i(\pi) + s_i + \sum_{j=1}^{l_i} p_{i[j]} j^{\log_2[(1-x)z]}$。那么与分组 G_i 相关的目标函数（不包含诱导学习投资成本函数）为：

$$Z_i(\pi, x) = \sum_{j=1}^{n_i} (\alpha_i E_{ij} + \beta_i T_{ij} + \gamma_i d_i^1 + \delta_i D_i)$$

$$= 0 + \beta_i \sum_{j=l_i}^{n_i} (C_{i[j]} - d_i^2) + 0 + \delta_i \sum_{j=1}^{n_i} d_i^2$$

$$= \beta_i \left(\left\{ \left[S_i(\boldsymbol{\pi}) + s_i + \sum_{j=1}^{l_i} p_{i[j]} j^a \right] - \left[S_i(\boldsymbol{\pi}) + s_i + \sum_{j=1}^{l_i} p_{i[j]} j^a \right] \right\} + \cdots \right.$$

$$\left. + \left\{ \left[S_i(\boldsymbol{\pi}) + s_i + \sum_{j=1}^{n_i} p_{i[j]} j^a \right] - \left[S_i(\boldsymbol{\pi}) + s_i + \sum_{j=1}^{l_i} p_{i[j]} j^a \right] \right\} \right)$$

$$+ \delta_i n_i \left\{ \left[S_i(\boldsymbol{\pi}) + s_i + \sum_{j=1}^{l_i} p_{i[j]} j^a \right] \right\}$$

$$= \beta_i \sum_{j=l_i+1}^{n_i} (n_i - j + 1) p_{i[j]} j^a + \delta_i n_i \sum_{j=1}^{l_i} p_{i[j]} j^a + \delta_i n_i \left[S_i(\boldsymbol{\pi}) + s_i \right]$$

$$= \sum_{j=1}^{n_i} w_{i[j]} p_{i[j]} j^a + \delta_i n_i \left[S_i(\boldsymbol{\pi}) + s_i \right]$$

其中,

$$w_{i[j]} = \begin{cases} \delta_i n_i, & 1 \leq j \leq l_i \\ \beta_i (n_i - j + 1), & l_i + 1 \leq j \leq n_i \end{cases}$$

证毕。

如果给定的参数满足如下两种情形 $\left[n_i (\delta_i - \gamma_i) / \alpha_i \right] \geq \left[n_i (\beta_i - \delta_i) / \beta_i \right]$、$\left[n_i (\delta_i - \gamma_i) / \alpha_i \right] < \left[n_i (\beta_i - \delta_i) / \beta_i \right] \leq 0$,那么交货期时间窗口决策问题将会转化为一个交货期决策问题。我们可以从李等(Li et al.,2011)得到如下的一个引理,他们研究了一个类似的问题只是模型中缺少了学习效应。因为他们的证明与工件在时间轴上的分布无关,所以他们的结论可以直接推广到我们的模型。

引理 4.6:对于一个给定调度 $\boldsymbol{\pi}$ 和诱导学习率 x,在参数满足交货期窗口决策的情形Ⅲ时,与分组 G_i 相关的成本函数为:

$$Z_i(\boldsymbol{\pi}, x) = \sum_{j=1}^{n_i} (\alpha_i E_{ij} + \beta_i T_{ij} + \gamma_i d_i^1 + \delta_i D_i)$$

$$= \sum_{j=1}^{n_i} w_{i[j]} p_{i[j]} j^{\log_2[(1-x)z]} + \overline{\omega}_i n_i \left[S_i(\boldsymbol{\pi}) + s_i \right]$$

其中,$\overline{\omega}_i = \min\{\beta_i, \gamma_i\}$。如果 $\beta_i > \gamma_i$,那么

$$w_{i[j]} = \begin{cases} \gamma_i n_i + \alpha_i (j-1), & 1 \leq j \leq k_i \\ \beta_i (n_i - j + 1), & k_i + 1 \leq j \leq n_i \end{cases}$$

如果 $\beta_i \leqslant \gamma_i$，则 $w_{i[j]} = \beta_i(n_i - j + 1)$，$1 \leqslant j \leqslant n_i$。

通过引理 4.4、引理 4.5 和引理 4.6，我们可知，成本函数的第一部分 $\sum_{j=1}^{n_i} w_{i[j]} p_{i[j]} j^{\log_2[(1-x)z]}$ 只与分组内工件的加工顺序有关且不受分组的顺序影响，成本函数的第二部分不仅与分组的顺序有关也与分组内工件的加工顺序有关，尤其需要指出的是分组内工件的加工顺序还受诱导学习率的影响。我们将在下一节详细讨论这一块。

4.4 多项式时间最优算法

在给定诱导学习率的情况下，我们在上一节给出了最优调度的一些性质。接下来，我们将展示诱导学习率如何影响组内排序并且如何解决这一问题。

4.4.1 控制诱导学习效应的方法

根据上一节的结果，总的目标函数可以展开成下面的表达式：

$$
\begin{aligned}
f(x) = Z(\pi, x) &= \sum_{i=1}^{m} \sum_{j=1}^{n_i} (\alpha_i E_{ij} + \beta_i T_{ij} + \gamma_i d_i^1 + \delta_i D_i) + k(x) \\
&= \sum_{i=1}^{m} \sum_{j=1}^{n_{[i]}} (w_{[ij]} + \sum_{h=i+1}^{m} \eta_{[h]} n_{[h]}) p_{[ij]} j^{\log_2[(1-x)z]} \\
&\quad + \sum_{i=1}^{m} \sum_{h=i}^{m} \eta_{[h]} n_{[h]} s_{[i]} + k(x)
\end{aligned}
\tag{4-2}
$$

其中，$w_{[ij]}$ 需要依据分组 $G_{[i]}$ 所属的情形来确定，并且

$$
\eta_{[h]} = \begin{cases} \gamma_{[h]}, & \text{情形 I} \\ \delta_{[h]}, & \text{情形 II} \\ \overline{\omega}_{[h]}, & \text{情形 III} \end{cases}
$$

与分组 $G_{[i]}$ 相关的成本如下（不包括诱导学习的成本）：

$$Z_{[i]}(\pi, x) = \sum_{j=1}^{n_{[i]}} \left(w_{[ij]} + \sum_{h=i+1}^{m} \eta_{[h]} n_{[h]} \right) p_{[ij]} j^{\log_2[(1-x)z]} + \sum_{h=i}^{m} \eta_{[h]} n_{[h]} s_{[i]}$$

$$(4-3)$$

对于一个给定的分组顺序和诱导学习率 x，公式（4-3）的第二部分就成为一个常数。对于表达式的第一部分，我们可以通过引理 2.1 来获得一个最小值。

详细步骤如下：首先我们可以计算每一个位置的权重 $\left(w_{[ij]} + \sum_{h=i+1}^{m} \eta_{[h]} n_{[h]} \right)$ $j^{\log_2[(1-x)z]}$ $(j=1, 2, \cdots, n_i)$。接下来根据引理 2.1，我们将具有最小的标准加工时间的工件安排在具有最大权重的位置，将具有第二小的标准加工时间的工件安排在具有第二大权重的位置，以此类推，最终安排完所有的工件。需要注意的是模型的学习率 $\log_2[(1-x)z]$ 是一个随着 x 的变化而变化的值，这也意味着位置权重的大小也会随着变化。这种现象可以从图 4-2 中观察到。图 4-2 展示了在分组加工顺序为 $\{G_1, G_2, G_3\}$ 的情况下，分组 G_2 的位置权重 $\left(w_{[2j]} + \delta_{[3]} n_{[3]} \right) j^{\log_2[(1-x)z]}$ $(j=1, 2, 3, 4)$ 随着 x 变化的情况。图 4-2 使用的参数与第 4.4.3 节数值实验所使用的参数相同。因此，我们不能直接按照引理 2.1 来安排工件的加工顺序，我们需要进一步解决由诱导学习率带来的位置权重不稳定问题。

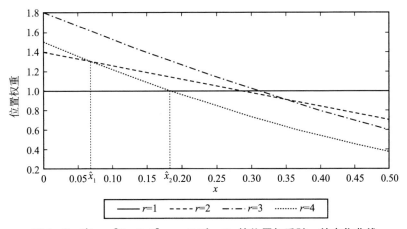

图 4-2　在 $x \in [0, 0.5]$，$z=1$ 时，G_2 的位置权重随 x 的变化曲线

　　受图 4-2 的启发，我们想到了如下的方法来解决诱导学习率给排序带来的不利影响。首先，我们将诱导学习率的可行区间划分为这样的一系列小区间，在每一个小区间里位置权重的关系稳定不受 x 变化的影响。这样的话，在每一个小区间内我们就可以按照引理 2.1 来安排加工顺序。划分小区间的方法如下：我们令一个分组内的 n_i 个位置权重表达式（ $w_{[ij]} + \sum_{h=i+1}^{m} \eta_{[h]} n_{[h]}$ ） $j^{\log_2[(1-x)z]}$ 两两相等，如果存在 x 满足条件，即是我们寻找的一个划分点。与第 2 章类似，我们可以证明对于任意一组位置权重，最多有一个 x 使它们两两相等，详细证明见性质 4.2。在一个分组内，我们最多得到 $n_i(n_i-1)/2 + 1$ 个子区间，对每一个分组进行同样的处理，我们最终可以得到不多于 $n(n-1)/2+1$ 子区间。在实际情况下，子区间的数量远远小于 $n(n-1)/2+1$。最终可以将诱导学习率的可行区间划分为这样的一系列子区间 $[0, \hat{x}_1]$，$[\hat{x}_1, \hat{x}_2]$，…，$[\hat{x}_T, x_{\max}]$。在任一子区间，分组内的位置权重大小关系不受诱导学习率的影响且稳定不变。

　　性质 4.2：分组内任意位置权重（ $w_{[ij]} + \sum_{h=i+1}^{m} \gamma_{[h]} n_{[h]}$ ） $j^{\log_2[(1-x)z]}$ 两两相等，最多有一个交点。

　　证明：考虑任意两个位置权重 $w(r_1, x) = (w_{[ir_1]} + \sum_{h=i+1}^{m} \gamma_{[h]} n_{[h]}) r_1^{\log_2[(1-x)z]}$ 和 $w(r_2, x) = (w_{[ir_2]} + \sum_{h=i+1}^{m} \gamma_{[h]} n_{[h]}) r_2^{\log_2[(1-x)z]}$。令 $q_1 = w_{[ir_1]} + \sum_{h=i+1}^{m} \gamma_{[h]} n_{[h]}$、$q_2 = w_{[ir_2]} + \sum_{h=i+1}^{m} \gamma_{[h]} n_{[h]}$。令这两个位置权重表达式相等，我们有：

$$q_1 r_1^{\log_2[(1-x)z]} = q_2 r_2^{\log_2[(1-x)z]}$$

继续化简为：

$$\frac{q_1}{q_2} = \left(\frac{r_2}{r_1}\right)^{\log_2[(1-x)z]}$$

等号左边是一个常数，而等号右边是一个随着 x 递减的指数函数。因此最多仅有一个 x 令等号两边相等，也即任意两个位置权重最多有一个交点。

证毕。

4.4.2 最优算法

通过以上的分析，我们提出了算法 4.1 来解决我们的问题。

算法 4.1

步骤 1：对于每一个分组，通过 $\left[n_i(\delta_i-\gamma_i)/\alpha_i\right]$、$\left[n_i(\beta_i-\delta_i)/\beta_i\right]$ 计算 k_i 和 l_i 的值，然后根据第 4.3 节的结论计算它们的交货期窗口所属的情形。

步骤 2：在给定分组排序的情况下，根据引理 4.4～引理 4.6，先列出分组 G_i 的 n_i 个位置权重表达式 $\left(w_{[ij]}+\sum_{h=i+1}^{m}\eta_{[h]}n_{[h]}\right)j^{\log_2[(1-x)z]}$ $(j=1,2,\cdots,n_i)$。令它们两两相等，找到所有可能的交叉点 $\hat{x}$。对所有的分组进行同样的操作，将找到的 $\hat{x}$ 从小到大进行排列，即 $\hat{x}_1\leqslant\hat{x}_2\leqslant\cdots\leqslant\hat{x}_T$。这些值将会把可行区间划分为 $T+1$ 个子区间，即 $[0,\hat{x}_1]$、$[\hat{x}_1,\hat{x}_2]$、$\cdots$、$[\hat{x}_T,x_{\max}]$。

步骤 3：令 $l=1$，$f_{\min}=M$（M 是一个足够大的数）。

步骤 4：对于第 l 个子区间 $[\hat{x}_{l-1},\hat{x}_l]$：首先我们要决定每一个分组内的工件加工顺序，方法如下：从区间 $(\hat{x}_{l-1},\hat{x}_l)$ 内任选一个 x，$(\hat{x}_0=0,\hat{x}_{T+1}=x_{\max})$。然后计算 n_i 个位置权重 $\left(w_{[ij]}+\sum_{h=i+1}^{m}\eta_{[h]}n_{[h]}\right)j^{\log_2[(1-x)z]}$，$(j=1,2,\cdots,n_i)$ 的大小。接下来就可以按照引理 2.1 决定分组内的工件顺序。在确定了每一个分组内部的加工顺序后，目标函数 $f(x)$ 在当前区间内就变为一个关于 x 的凸函数。我们可以很快地通过 $f(x)$ 的一阶导性质找到最优的 $\bar{x}$。如果当前最优值 $f_{local}(\bar{x})<f_{\min}$，那么就令 $f_{\min}=f_{local}(\bar{x})$，$x^*=\bar{x}$。如果 $l=T+1$，跳转到步骤 5，否则令 $l=l+1$，跳转到步骤 4。

步骤 5：输出最优的组内加工顺序，诱导学习率以及最终的目标函数值。

需要指出的是算法 4.1 是在给定了分组加工顺序的情况下才可以使用。因此算法 4.1 需要重复 $m!$ 次，但由于 m 是一个给定的常数，且实际场景中根据加工环境和工件加工特点所分成的小组也不会很大，算法依然是可行的。

定理 4.1：算法 4.1 可以在 $O(n^3\log n)$ 时间内为 $1\,|\,GT,\ p_{ijr}=p_{ij}r^{\log_2[(1-x)z]}\,|$

$$\sum_{i=1}^{m}\sum_{j=1}^{n_i}(\alpha_iE_{ij}+\beta_iT_{ij}+\gamma_id_i^1+\delta_iD_i)+k(x)$$ 找到最优解。

证明：步骤 1 耗时 $O(m)$。在步骤 2，我们最多有 $n(n-1)/2$ 对位置权重要求解，每对表达式最多有一个交点，因此将这些交点从小到大排列花费

$O(n^2 \log n)$。步骤 3 和步骤 4 耗时 $O(n^3 \log n)$。因此总的时间复杂度为 $O(m!\ n^3 \log n)$。由于 m 是一个事先给定的常数，因此复杂度可以进一步降为 $O(n^3 \log n)$。**证毕**。

前文提出的算法 4.1 的主要思想就是要将可行区间划分为一系列的子区间。在每一个子区间内，由于位置权重的大小关系是稳定的，我们可以根据引理 2.1 排序工件。最终，在每一个子区间内目标函数变为一个凸函数。实际上这个想法和比斯卡普和西蒙斯（Biskup and Simons，2004）、陈等（Chen et al.，2021）类似。接下来我们将会提出一个改进思路，以进一步降低算法的时间复杂度。借助这个改进方法，算法 4.1 的时间复杂度可以进一步降到 $O(n^2 \log n)$。接下来我们聚焦于一个分组来阐述改进的思路。首先，我们知道对于一个分组需要花费 $O(n_i^2 \log n_i)$ 时间来获取子区间。对于任意两个相邻的子区间，我们观察到位置权重顺序的改变仅发生在那些在两个区间边界点相等的位置权重之间。因此，我们仅需要在第一个子区间内计算一次所有的位置权重，然后依据引理 2.1 安排工件的加工顺序，然后在后续的子区间内只需对排序做稍微的变动即可。使用这种方法，我们无须在每一个子区间独立计算一遍所有的位置权重，然后按照引理 2.1 排序，时间复杂度可以显著降低。下面将使用一个例子来说明，假设在子区间 $[0, \hat{x}_1]$ 内位置权重的顺序为 $\{S_1, r_4, r_2, S_2\}$，S_1 和 S_2 是部分的排序。由于至少有两个位置权重在 $\hat{x}_1$ 相等，我们得到了相邻的子区间 $[\hat{x}_1, \hat{x}_2]$。不失一般性地，我们假设下面这两个权重 $w(r_4, \hat{x}_1) = w(r_2, \hat{x}_1)$ 在 $\hat{x}_1$ 相等。那么在这两个相邻的子区间内位置权重大小顺序的变化仅发生在这两个位置上。因此，我们仅需调整 r_2 和 r_4 的位置，即可以得到在 $[\hat{x}_1, \hat{x}_2]$ 内的位置权重顺序 $\{S_1, r_2, r_4, S_2\}$。这也可以在图 4-2 中观察到。

接下来我们考虑采用这一改进方法后对算法 4.1 的时间复杂度的影响。需要注意上述的改进思路仅作用于算法 4.1 的步骤 3 和步骤 4。不失一般性的，我们假设共有 T 个交点将可行区间 $[0, x_{max}]$ 划分为 $T+1$ 个子区间，且在第 l 个交点有 $k_l(l=1, 2, \cdots, T)$ 个位置权重相等。在第一个子区间内计算并将所有的位置权重排序耗时 $O(n \log n)$。对于第二个子区间，我们仅

需要重新对 k_1 个位置权重进行排序。如果这 k_1 个工件属于同一个分组，重新排序耗时 $O(k_1 \log k_1)$；如果它们属于不同的分组，那么重新排序耗时将小于 $O(k_1 \log k_1)$。因此，改进后的算法 1 总的时间复杂度最多为 $O(n \log n + k_1 \log k_1 + k_2 \log k_2 + \cdots + k_T \log k_T) \leqslant O[n \log n + 2(C_{k_1}^2 + C_{k_2}^2 + \cdots + C_{k_T}^2)]$。$(C_{k_1}^2 + C_{k_2}^2 + \cdots + C_{k_T}^2)$ 可以理解为任意两个位置权重两两相等求得的交点，根据前文的分析，上界为 $O(n^2)$。综上所述，改进后算法 4.1 的步骤 3 和步骤 4 共耗时 $O(n^2)$。

根据上文的分析结果，比斯卡普和西蒙斯（Biskup and Simons，2004）所提出的算法时间复杂度可以从 $O(n^3)$ 降低为 $O(n^2 \log n)$。陈等（Chen et al.，2021）针对总完工时间误差度提出的算法可以从 $O(n^3 \log n)$ 降到 $O(n^2 \log n)$。

定理 4.2：结合改进方法后的算法 4.1 可以在 $O(n^2 \log n)$ 时间复杂度内最优求解 $1 \mid GT, \; p_{ijr} = p_{ij} r^{\log_2[(1-x)z]} \mid \sum_{i=1}^{m} \sum_{j=1}^{n_i} (\alpha_i E_{ij} + \beta_i T_{ij} + \gamma_i d_i^1 + \delta_i D_i) + k(x)$。

证明：与定理 4.1 类似，主要区别在于步骤 3 和步骤 4 的时间复杂度因为改进方法得到了降低。根据上文的分析它们最多为 $O(n_2)$，因此，最终的时间复杂度为 $O(n^2 \log n)$。**证毕**。

4.4.3 数值实验

我们将用包含 3 个分组的算例展示算法 4.1 的工作过程。表 4-1 给出了算例的参数，分组 G_1 有 5 个工件，分组 G_2 有 4 个工件，分组 G_3 有 3 个工件。自主学习率 $z=1$，诱导学习率 $0 \leqslant x \leqslant 0.5$。诱导学习率相关的成本函数为 $k(x) = 500x^2$。

算法 4.1 需要事先给定一个分组的加工顺序，在下面我们将用分组顺序 $\{G_1, G_2, G_3\}$ 作为讲解的例子。首先，我们需要确定每一个分组的交货期窗口所属的情形。对于分组 G_1，$k_1 = [5(7-5)/5] = 2$，$l_1 = [5(16-7)/16] = 3$，因此分组 G_1 属于情形 I。使用同样的方法，我们可以确定分组 G_2 属于情形Ⅲ且 $k_2 = [4(9-1)/(4+9)] = 3$，分组 G_3 属于情形Ⅱ且 $l_3 = [3(10-2)/10] = 3$。结果展示在表 4 - 2 中。然后我们按照步骤 2 来寻找可能的交点 $\hat{x}$，对分组 G_1 来说，交点为 $\{0.0476, 0.0871, 0.1250, 0.1466, 0.1824\}$，对分组 G_2 来说，交点为 $\{0.0667, 0.1835, 0.2857, 0.3099, 0.3492\}$，分组 G_3 没有交点。将这些交点从小到大进行排序，我们就将可行区间划分为 11 个子区间 $[0, 0.0476]$，$[0.0476, 0.0667]$，$[0.0667, 0.0871]$，$[0.0871, 0.1250]$，$[0.1250, 0.1466]$，$[0.1466, 0.1824]$，$[0.1824, 0.1835]$，$[0.1835, 0.2857]$，$[0.2857, 0.3099]$，$[0.3099, 0.3492]$，$[0.3492, 0.5]$。按照步骤 4，我们计算出位置权重并按照引理 2.1 进行安排工件，并最终获得目标函数在每一个子区间的局部最小值。在每一张表中，黑体标出了目标函数的局部最小值。我们将例子 $\{G_1, G_2, G_3\}$ 的结果总结在附录的表 A7 中，将其他组序的结果展示在附录的表 A8 ~ 表 A12 中。我们在表 4 - 3 中展示了所有组序的局部最优解，通过表 4 - 3 可知，全局最优解为 152.5528，对应的诱导学习率为 $x = 0.1730$，最优组序为 $\{G_1, G_3, G_2\}$，组内工件顺序为 $G_1 = \{J_{11}, J_{13}, J_{12}, J_{14}, J_{15}\}$，$G_3 = \{J_{31}, J_{32}, J_{33}\}$，$G_2 = \{J_{24}, J_{22}, J_{21}, J_{23}\}$。

表 4 - 1   数值实验参数

分组	α_i	β_i	γ_i	δ_i	p_{i1}	p_{i2}	p_{i3}	p_{i4}	p_{i5}	s_i
G_1	0.5	1.6	0.5	0.7	2	3	5	6	9	7
G_2	0.4	0.9	0.1	1.0	7	9	10	12	—	10
G_3	0.5	1.0	0.8	0.2	5	6	7	—	—	5

表 4 - 2   各分组的交货期时间窗结果

项目	G_1	G_2	G_3
分类	情形Ⅰ	情形Ⅱ	情形Ⅲ
大小	$k_i = 2,\ l_i = 3$（交货期窗口）	$k_i = 3$（交货期）	$k_i = 0,\ l_i = 3$（交货期窗口）

表 4 – 3　　　　　　　　　　　每一种分组排序下的最优结果

组序	最优组内加工顺序	最优的 x	最优值
$\{G_1, G_2, G_3\}$	$G_1=\{1,2,3,4,5\}$ $G_2=\{3,2,1,4\}$ $G_3=\{1,2,3\}$	0.1936	169.2146
$\{G_1, G_3, G_2\}$	$G_1=\{1,3,2,4,5\}$ $G_2=\{4,2,1,3\}$ $G_3=\{1,2,3\}$	**0.1730**	**152.5528**
$\{G_2, G_1, G_3\}$	$G_1=\{1,2,3,4,5\}$ $G_2=\{1,2,3,4\}$ $G_3=\{1,2,3\}$	0.2716	254.3580
$\{G_2, G_3, G_1\}$	$G_1=\{1,2,3,4,5\}$ $G_2=\{1,2,3,4\}$ $G_3=\{1,2,3\}$	0.2866	287.7038
$\{G_3, G_1, G_2\}$	$G_1=\{1,3,2,4,5\}$ $G_2=\{4,2,1,3\}$ $G_3=\{1,2,3\}$	0.1890	187.6098
$\{G_3, G_2, G_1\}$	$G_1=\{1,2,3,4,5\}$ $G_2=\{1,2,3,4\}$ $G_3=\{1,2,3\}$	0.2729	273.7076

注：表中黑体加粗的为当前的最优解。

4.5　相关拓展和本章小结

本章针对具有共同交货期窗口决策的分组调度问题展开研究。我们的理论分析和算法可以扩展到带有松弛交货期窗口决策的问题，松弛交货期窗口决策意味着每个工件都有一个与自己相关的交货期窗口 $\left[d_{ij}^1, d_{ij}^2\right]$（基于公共的 q_i^1 和 q_i^2），即 $d_{ij}^1 = p_{ij} + q_i^1$，$d_{ij}^2 = p_{ij} + q_i^2$。有关松弛交货期窗口的更多信息，读者可以参考摩西和奥朗（Mosheiov and Oron，2010）、莫尔和摩西（Mor and Mosheiov，2012）、季等（Ji et al.，2014）、李等（Li et al.，2015）、莫尔和摩西（Mor and Mosheiov，2017）。而且，我们的方法稍作调整后也适用于其他包含各种交货期决策的分组调度问题。同时，除了本章采用的经典的位置依赖的学习效应模型外，我们的方法还可以轻松扩展到其他位置依赖学习曲线模型，例如，德容（DeJong）的学习效应模型，即 $p_{ijr} = p_{ij}\left[R + (1-R)r^{\log_2[(1-x)z]}\right]$（$0 \leqslant R \leqslant 1$）。读者可以参考德容（DeJong，1957）、奥科沃夫斯基和加维伊诺维奇（Okofowski and Gawiejnowicz，2010）、季等（Ji et al.，2015），以获取有关此学习效果模型的更多信息。

通过同时考虑自主学习和诱导学习的影响，我们研究了包含分组加工技术的交货期窗口决策问题。在这里，自主学习是指边做边学，而诱导学习是指可以通过主动投资来促进自主学习效果。尽管在实践中我们经常观察到这些管理活动，但是在调度文献中却很少考虑它们。本章试图填补这一空白。模型的优化目标是通过确定最佳的分组和组内工件顺序、最佳的交货期窗口决策以及最佳的诱导学习率，以最小化与交货期窗口有关的惩罚以及投资成本。经过对问题的一步步分析，我们发现了一些最优解所具有的性质，并最终提出了一种用于解决此问题的多项式时间算法，并且在最后提供了一个数值实验来说明所提出算法的工作流程。

第 5 章

总结与展望

5.1 本 书 总 结

本书围绕双重学习效应在经典调度模型下做了一些理论上的探索工作，参考前人研究结果建立了相应自主学习和诱导学习模型。研究结果表明通过确定最佳的诱导学习效应水平，可以在调度指标和资源投入之间取得平衡，实现生产计划系统的全局最优。研究结果也提供了如下管理学启示，即在技术、知识增强等方面进行合理投资，可以帮助企业管理其学习效应，从而更好地控制生产系统。本书主要工作总结如下：

（1）研究了双重学习效应下的几个经典调度问题。我们发现对单机最大完工时间、总完工时间来说，诱导学习效应对最优求解方法没有影响，SPT规则依然是最优的；然而诱导学习效应却会影响单机总完工时间误差度的最优求解方法以及平行机下总完工时间、最大完工时间以及总完工时间误差度的最优求解算法。我们分析发现了控制诱导学习效应的方法，并对问题设计了对应的多项式时间最优算法；对于平行机最大完工时间问题，我们先在诱导学习率给定的情况下给出了一个完全多项式时间近似方案，并借助它对诱导学习率可决策问题给出了相应的近似算法。同时我们还考虑了满足一致条件下的总加权完工时间和最大延误时间这两个问题，分别设计了对应的多项式时间最优算法。

（2）研究了双重学习效应下最小化总加权延误工件数量问题。我们首先分析了当诱导学习率给定时的调度问题，构造了一个 $O(n^2)$ 的动态规划求解算法。当诱导学习率可决策时，我们先对目标函数进行变换，利用集合划分的思路，发现随着诱导学习效应的增大，准时工件集合中的工件数量不会减少这一结论，并据此得到了一系列新颖且有效的性质，借助动态规划算法最终设计了一个多项式时间的最优算法。

（3）研究了双重学习效应下，一个与成组加工相关的交货期时间窗分配问题。我们首先分析了分组时间窗的可能情形，然后给出了时间窗开始和截止时间的表达式，并根据问题参数分成了三种情形，针对每一种情形我们都给出了目标函数的表达式。最后，我们参考第 2 章中控制诱导学习效应的方法，提出了一种多项式时间的最优算法，并且给出了一种降低算法时间复杂度的改进方法，采用此方法，已有研究算法的时间复杂度也可以得到显著降低。

5.2　本书的研究局限

学习效应理论或者说经验曲线已经在经管领域得到了充分的研究，各种各样的学习理论及相关的数学模型被研究者们研究挖掘出来。本书主要在经典的与位置相关的学习效应模型上探索验证了诱导学习效应的影响，还未在其他理论模型上验证诱导学习效应的效果。

由于诱导学习效应之前并未得到关注，因此本书先从确定性的、经典的调度问题着手展开研究。

然而考虑到实际生产环境复杂多变，例如，往往很难确定每个工件的具体加工时间等。因此，后续研究可以针对更接近实际问题的随机调度问题进行展开。

5.3 未来研究展望

本书围绕诱导学习效应对生产调度的影响进行了一系列探索性工作，取得了一定理论成果。然而实际的生产过程往往会受到各种因素的制约，因此在本书研究成果的基础上，结合一些实际约束条件，还有很多有意义和挑战性的课题能够作为未来的研究方向，值得进一步地思考和研究，我们将从理论研究和实际应用两方面分别展开。

5.3.1 理论研究发现

首先，我们知道目前关于自主学习效应的研究众多，出于探索诱导学习效应的目的，我们可以将那些仅涉及与自主学习效应相关的研究扩展到两种学习效应都具有的情况，探索不同的调度优化目标函数以及不同的加工环境下的诱导学习效应调度问题，以充分理解诱导学习效应在调度中的作用。

其次，学习效应理论在经管领域已经获得了较充分的研究，提出了多种学习效应曲线，其中一些已被调度领域采用，探索诱导学习与其他学习效应模型的结合也有一定的研究意义。

最后，为了使我们的研究更加实际可用，未来的研究工作需要融入更多实际生产环境中的因素。例如，工人可能会因为连续工作而感到疲倦，从而恶化（aging、deteriorating）或需要休息时间（availability constraint）或机器需要维护（maintenance activity）等；另外，流水车间作为常见的生产环境，虽然带有诱导学习的流水线车间调度将会更加复杂，但探索此类问题具有很强的实际应用价值，并且也可能成为未来的研究重点。

5.3.2　实际应用探索

我们在文献综述开始部分探讨了学习效应适用的企业和场景，总结认为在人力资源密集型企业学习效应较可能存在。然而在实际应用模型中准确刻画学习效应模型存在较大困难，因此，本书的结果是在一些理想假设条件下获得的。我们深知理论研究和实际应用之间的差距，例如，即使企业的标准化生产由来已久，在实际生产过程中每一人工操作的确切时间依然难以定量，以及模型中简单假设了管理活动与学习率之间的线性关系，而不同管理活动的效果显然不尽相同。因此，目前研究结果与实际生产过程之间还存在着巨大差距。为了增加研究结果的实用性，一方面我们需要在经典调度模型的基础上研究更一般和有效的模型；另一方面也需要重视在实际生产过程中有关数据的收集工作，甚至进行必要的实地调研和测试环节，通过数据分析获得准确可信的模型参数，例如，不同操作的加工时间和不同管理活动的促进效用以及相应成本函数等，为最终的应用打下基础。

附录　数值实验结果

一、第 2.4.2.1 节的数值实验结果

在第 2.4.2.1 节中，我们根据两台机器上工件分配的可能情况，列出了可能的 $P(n, m)$ 共有 6 个：$A(0, 10)$，$A(1, 9)$，$A(2, 8)$，$A(3, 7)$，$A(4, 6)$，$A(5, 5)$。对于每一个分配方案，我们参照算法 2.3 来求解，详细的结果如表 A1 ~ 表 A6 所示。

表 A1　　　　　　　　　　$A(1, 9)$ 情形下的计算结果

子区间	最优加工顺序	最优的 x	最优值
$[0, 0.21]$	$M_1 = \{9\}$ $M_2 = \{1, 2, 3, 4, 5, 6, 7, 8, 10\}$	0.21	122.63
$[0.21, 0.32]$	$M_1 = \{8\}$ $M_2 = \{1, 2, 3, 4, 5, 6, 7, 9, 10\}$	0.32	110.56
$[0.32, 0.42]$	**$M_1 = \{7\}$ $M_2 = \{1, 2, 3, 4, 5, 6, 8, 9, 10\}$**	**0.38**	**109.06**
$[0.42, 0.50]$	$M_1 = \{6\}$ $M_2 = \{1, 2, 3, 4, 5, 7, 8, 9, 10\}$	0.42	109.57
$[0.50, 0.59]$	$M_1 = \{5\}$ $M_2 = \{1, 2, 3, 4, 6, 7, 8, 9, 10\}$	0.50	114.96
$[0.59, 0.71]$	$M_1 = \{4\}$ $M_2 = \{1, 2, 3, 5, 6, 7, 8, 9, 10\}$	0.59	127.41
$[0.71, 0.88]$	$M_1 = \{3\}$ $M_2 = \{1, 2, 4, 5, 6, 7, 8, 9, 10\}$	0.71	152.57
$[0.88, 1]$	$M_1 = \{2\}$ $M_2 = \{1, 3, 4, 5, 6, 7, 8, 9, 10\}$	0.88	207.40

注：表中黑体加粗的为当前的最优解。

表 A2 $\qquad\qquad$ $A(4, 6)$ 情形下的计算结果

子区间	最优加工顺序	最优的 x	最优值
[0, 0.20]	$M_1 = \{3, 5, 7, 9\}$ $M_2 = \{1, 2, 4, 6, 8, 10\}$	0.20	101.49
[0.20, 0.39]	$\boldsymbol{M_1 = \{2, 5, 7, 9\}}$ $\boldsymbol{M_2 = \{1, 3, 4, 6, 8, 10\}}$	**0.29**	**98.72**
[0.39, 0.62]	$M_1 = \{2, 4, 7, 9\}$ $M_2 = \{1, 3, 5, 6, 8, 10\}$	0.39	101.84
[0.62, 0.88]	$M_1 = \{2, 4, 6, 9\}$ $M_2 = \{1, 3, 5, 7, 8, 10\}$	0.62	134.88
[0.88, 1]	$M_1 = \{2, 4, 6, 8\}$ $M_2 = \{1, 3, 5, 7, 9, 10\}$	0.88	214.05

注：表中黑体加粗的为当前的最优解。

表 A3 $\qquad\qquad$ $A(2, 8)$ 情形下的计算结果

子区间	最优加工顺序	最优的 x	最优值
[0, 0.15]	$M_1 = \{7, 9\}$ $M_2 = \{1, 2, 3, 4, 5, 6, 8, 10\}$	0.15	118.03
[0.15, 0.26]	$M_1 = \{6, 9\}$ $M_2 = \{1, 2, 3, 4, 5, 7, 8, 10\}$	0.26	106.65
[0.26, 0.32]	$M_1 = \{5, 9\}$ $M_2 = \{1, 2, 3, 4, 6, 7, 8, 10\}$	0.32	104.39
[0.32, 0.37]	$\boldsymbol{M_1 = \{5, 8\}}$ $\boldsymbol{M_2 = \{1, 2, 3, 4, 6, 7, 9, 10\}}$	**0.34**	**104.25**
[0.37, 0.50]	$M_1 = \{4, 8\}$ $M_2 = \{1, 2, 3, 5, 6, 7, 9, 10\}$	0.37	104.61
[0.50, 0.65]	$M_1 = \{3, 7\}$ $M_2 = \{1, 2, 4, 5, 6, 8, 9, 10\}$	0.50	113.87
[0.65, 0.71]	$M_1 = \{3, 6\}$ $M_2 = \{1, 2, 4, 5, 7, 8, 9, 10\}$	0.65	142.62
[0.71, 0.80]	$M_1 = \{2, 6\}$ $M_2 = \{1, 3, 4, 5, 7, 8, 9, 10\}$	0.71	155.84
[0.80, 0.95]	$M_1 = \{2, 5\}$ $M_2 = \{1, 3, 4, 6, 7, 8, 9, 10\}$	0.80	181.59
[0.95, 1]	$M_1 = \{2, 4\}$ $M_2 = \{1, 3, 5, 6, 7, 8, 9, 10\}$	0.95	240.68

注：表中黑体加粗的为当前的最优解。

表 A4 $\qquad\qquad$ $A(0, 10)$ 情形下的计算结果

子区间	最优加工顺序	最优的 x	最优值
[0, 1]	$M_1 = \{1, 2, 3, 4, 5, 6, 7, 8, 9, 10\}$	0.43	115.36

注：表中黑体加粗的为当前的最优解。

表 A5 　　　　　　　　　　**A（5，5）情形下的计算结果**

子区间	最优加工顺序	最优的 x	最优值
[0, 1]	$M_1 = \{1, 3, 5, 7, 9\}$ $M_2 = \{2, 4, 6, 8, 10\}$	0.28	98.77

注：表中黑体加粗的为当前的最优解。

表 A6 　　　　　　　　　　**A（3，7）情形下的计算结果**

子区间	最优加工顺序	最优的 x	最优值
[0, 0.13]	$M_1 = \{5, 7, 9\}$ $M_2 = \{1, 2, 3, 4, 6, 8, 10\}$	0.13	110.71
[0.13, 0.26]	$M_1 = \{4, 7, 9\}$ $M_2 = \{1, 2, 3, 5, 6, 8, 10\}$	0.26	101.46
[0.26, 0.28]	$M_1 = \{4, 6, 9\}$ $M_2 = \{1, 2, 3, 5, 7, 8, 10\}$	0.28	101.20
[0.28, 0.50]	$\boldsymbol{M_1 = \{3, 6, 9\}}$ $\boldsymbol{M_2 = \{1, 2, 4, 5, 7, 8, 10\}}$	**0.31**	**100.74**
[0.50, 0.77]	$M_1 = \{2, 5, 8\}$ $M_2 = \{1, 3, 4, 6, 7, 9, 10\}$	0.50	113.46
[0.77, 0.79]	$M_1 = \{2, 5, 7\}$ $M_2 = \{1, 3, 4, 6, 8, 9, 10\}$	0.77	174.43
[0.79, 0.96]	$M_1 = \{2, 4, 7\}$ $M_2 = \{1, 3, 5, 6, 8, 9, 10\}$	0.79	179.72
[0.96, 1]	$M_1 = \{2, 4, 6\}$ $M_2 = \{1, 3, 5, 7, 8, 9, 10\}$	0.35	246.73

注：表中黑体加粗的为当前的最优解。

二、第 4.4.3 节的数值实验结果

第 4.4.2 节给出的算法 4.1 在给定了分组加工顺序时方可运行。我们在数值实验中给出了 3 个分组，因此需要遍历所有的分组排序才能得到最优解，对每一分组排序按照算法 4.1 计算的详细结果展示在表 A7～表 A12 中。

表 A7 　　　　　　　　　　**$\{G_1, G_2, G_3\}$ 情形下的计算结果**

子区间	最优组内加工顺序	最优的 x	最优值
[0, 0.0476]	$G_1 = \{4, 3, 1, 2, 5\}$ $G_2 = \{4, 3, 1, 2\}$ $G_3 = \{1, 2, 3\}$	0.0476	178.8930
[0.0476, 0.0667]	$G_1 = \{4, 2, 1, 3, 5\}$ $G_2 = \{4, 3, 1, 2\}$ $G_3 = \{1, 2, 3\}$	0.0667	176.4621
[0.0667, 0.0871]	$G_1 = \{4, 2, 1, 3, 5\}$ $G_2 = \{4, 2, 1, 3\}$ $G_3 = \{1, 2, 3\}$	0.0871	174.3065

续表

子区间	最优组内加工顺序	最优的 x	最优值
[0.0871, 0.1250]	$G_1=\{3,2,1,4,5\}$ $G_2=\{4,2,1,3\}$ $G_3=\{1,2,3\}$	0.1250	171.3062
[0.1250, 0.1466]	$G_1=\{2,3,1,4,5\}$ $G_2=\{4,2,1,3\}$ $G_3=\{1,2,3\}$	0.1466	170.1781
[0.1466, 0.1824]	$G_1=\{1,3,2,4,5\}$ $G_2=\{4,2,1,3\}$ $G_3=\{1,2,3\}$	0.1824	169.2851
[0.1824, 0.1835]	$G_1=\{1,2,3,4,5\}$ $G_2=\{4,2,1,3\}$ $G_3=\{1,2,3\}$	0.1835	169.2763
[0.1835, 0.2857]	$\mathbf{G_1=\{1,2,3,4,5\}}$ $\mathbf{G_2=\{3,2,1,4\}}$ $\mathbf{G_3=\{1,2,3\}}$	**0.1936**	**169.2146**
[0.2857, 0.3099]	$G_1=\{1,2,3,4,5\}$ $G_2=\{2,3,1,4\}$ $G_3=\{1,2,3\}$	0.2857	174.2677
[0.3099, 0.3492]	$G_1=\{1,2,3,4,5\}$ $G_2=\{1,3,2,4\}$ $G_3=\{1,2,3\}$	0.3099	177.2399
[0.3492, 0.5]	$G_1=\{1,2,3,4,5\}$ $G_2=\{1,2,3,4\}$ $G_3=\{1,2,3\}$	0.3492	183.3778

注：表中黑体加粗的为当前的最优解。

表 A8　　　　　　　　　　$\{G_1,G_3,G_2\}$ 情形下的计算结果

子区间	最优组内加工顺序	最优的 x	最优值
[0, 0.0476]	$G_1=\{4,3,1,2,5\}$ $G_2=\{4,3,1,2\}$ $G_3=\{1,2,3\}$	0.0476	160.0704
[0.0476, 0.0871]	$G_1=\{4,2,1,3,5\}$ $G_2=\{4,3,1,2\}$ $G_3=\{1,2,3\}$	0.0871	156.1360
[0.0871, 0.1111]	$G_1=\{3,2,1,4,5\}$ $G_2=\{4,3,1,2\}$ $G_3=\{1,2,3\}$	0.1111	154.4415
[0.1111, 0.1250]	$G_1=\{3,2,1,4,5\}$ $G_2=\{4,2,1,3\}$ $G_3=\{1,2,3\}$	0.1250	153.7545
[0.1250, 0.1466]	$G_1=\{2,3,1,4,5\}$ $G_2=\{4,2,1,3\}$ $G_3=\{1,2,3\}$	0.1466	152.9592
[0.1466, 0.1824]	$\mathbf{G_1=\{1,3,2,4,5\}}$ $\mathbf{G_2=\{4,2,1,3\}}$ $\mathbf{G_3=\{1,2,3\}}$	**0.1730**	**152.5528**
[0.1824, 0.3333]	$G_1=\{1,2,3,4,5\}$ $G_2=\{4,2,1,3\}$ $G_3=\{1,2,3\}$	0.1824	152.6039
[0.3333, 0.5]	$G_1=\{1,2,3,4,5\}$ $G_2=\{3,2,1,4\}$ $G_3=\{1,2,3\}$	0.3333	166.9084

注：表中黑体加粗的为当前的最优解。

表 A9　　　　　　　　　　$\{G_2,G_1,G_3\}$ 情形下的计算结果

子区间	最优组内加工顺序	最优的 x	最优值
[0, 0.0250]	$G_1=\{4,3,1,2,5\}$ $G_2=\{4,3,1,2\}$ $G_3=\{1,2,3\}$	0.0250	287.2550
[0.0250, 0.0526]	$G_1=\{4,3,1,2,5\}$ $G_2=\{4,3,1,2\}$ $G_3=\{1,2,3\}$	0.0526	281.0130
[0.0526, 0.0646]	$G_1=\{4,2,1,3,5\}$ $G_2=\{4,2,1,3\}$ $G_3=\{1,2,3\}$	0.0646	278.4997

子区间	最优组内加工顺序	最优的 x	最优值
[0.0646, 0.0968]	$G_1 = \{4, 2, 1, 3, 5\}$ $G_2 = \{3, 2, 1, 4\}$ $G_3 = \{1, 2, 3\}$	0.0968	272.1482
[0.0968, 0.1026]	$G_1 = \{3, 2, 1, 4, 5\}$ $G_2 = \{3, 2, 1, 4\}$ $G_3 = \{1, 2, 3\}$	0.1026	271.1004
[0.1026, 0.1218]	$G_1 = \{3, 2, 1, 4, 5\}$ $G_2 = \{2, 3, 1, 4\}$ $G_3 = \{1, 2, 3\}$	0.1218	267.8550
[0.1218, 0.1389]	$G_1 = \{3, 2, 1, 4, 5\}$ $G_2 = \{1, 3, 2, 4\}$ $G_3 = \{1, 2, 3\}$	0.1389	265.1351
[0.1389, 0.1537]	$G_1 = \{2, 3, 1, 4, 5\}$ $G_2 = \{1, 3, 2, 4\}$ $G_3 = \{1, 2, 3\}$	0.1537	262.9695
[0.1537, 0.1617]	$G_1 = \{2, 3, 1, 4, 5\}$ $G_2 = \{1, 2, 3, 4\}$ $G_3 = \{1, 2, 3\}$	0.1617	261.8949
[0.1617, 0.1993]	$G_1 = \{1, 3, 2, 4, 5\}$ $G_2 = \{1, 2, 3, 4\}$ $G_3 = \{1, 2, 3\}$	0.1993	257.7020
[0.1993, 0.5]	$G_1 = \{1, 2, 3, 4, 5\}$ $G_2 = \{1, 2, 3, 4\}$ $G_3 = \{1, 2, 3\}$	**0.2716**	**254.3580**

注：表中黑体加粗的为当前的最优解。

表 A10　　　　　　　$\{G_2, G_3, G_1\}$ 情形下的计算结果

子区间	最优组内加工顺序	最优的 x	最优值
[0, 0.0250]	$G_1 = \{4, 3, 1, 2, 5\}$ $G_2 = \{4, 3, 1, 2\}$ $G_3 = \{1, 2, 3\}$	0.0250	325.0111
[0.0250, 0.0625]	$G_1 = \{4, 3, 1, 2, 5\}$ $G_2 = \{4, 2, 1, 3\}$ $G_3 = \{1, 2, 3\}$	0.0625	315.9318
[0.0625, 0.0646]	$G_1 = \{4, 2, 1, 3, 5\}$ $G_2 = \{4, 2, 1, 3\}$ $G_3 = \{1, 2, 3\}$	0.0646	315.4606
[0.0646, 0.1026]	$G_1 = \{4, 2, 1, 3, 5\}$ $G_2 = \{3, 2, 1, 4\}$ $G_3 = \{1, 2, 3\}$	0.1026	307.3001
[0.1026, 0.1161]	$G_1 = \{4, 2, 1, 3, 5\}$ $G_2 = \{2, 3, 1, 4\}$ $G_3 = \{1, 2, 3\}$	0.1161	304.7750
[0.1161, 0.1218]	$G_1 = \{3, 2, 1, 4, 5\}$ $G_2 = \{2, 3, 1, 4\}$ $G_3 = \{1, 2, 3\}$	0.1218	303.7440
[0.1218, 0.1537]	$G_1 = \{3, 2, 1, 4, 5\}$ $G_2 = \{1, 3, 2, 4\}$ $G_3 = \{1, 2, 3\}$	0.1537	298.3153
[0.1537, 0.1667]	$G_1 = \{3, 2, 1, 4, 5\}$ $G_2 = \{1, 2, 3, 4\}$ $G_3 = \{1, 2, 3\}$	0.1667	296.4366
[0.1667, 0.1913]	$G_1 = \{2, 3, 1, 4, 5\}$ $G_2 = \{1, 2, 3, 4\}$ $G_3 = \{1, 2, 3\}$	0.1913	293.3107
[0.1913, 0.2317]	$G_1 = \{1, 3, 2, 4, 5\}$ $G_2 = \{1, 2, 3, 4\}$ $G_3 = \{1, 2, 3\}$	0.2317	289.6213
[0.2317, 0.5]	$G_1 = \{1, 2, 3, 4, 5\}$ $G_2 = \{1, 2, 3, 4\}$ $G_3 = \{1, 2, 3\}$	**0.2866**	**287.7038**

注：表中黑体加粗的为当前的最优解。

表 A11　　　　　　　　$\{G_3，G_1，G_2\}$ 情形下的计算结果

子区间	最优组内加工顺序	最优的 x	最优值
$[0，0.0556]$	$G_1=\{4，3，1，2，5\}$ $G_2=\{4，3，1，2\}$ $G_3=\{1，2，3\}$	0.0556	196.2781
$[0.0556，0.1025]$	$G_1=\{4，2，1，3，5\}$ $G_2=\{4，3，1，2\}$ $G_3=\{1，2，3\}$	0.1025	191.2509
$[0.1025，0.1111]$	$G_1=\{3，2，1，4，5\}$ $G_2=\{4，3，1，2\}$ $G_3=\{1，2，3\}$	0.1111	190.5470
$[0.1111，0.1471]$	$G_1=\{3，2，1，4，5\}$ $G_2=\{4，2，1，3\}$ $G_3=\{1，2，3\}$	0.1471	188.4982
$[0.1471，0.1705]$	$G_1=\{2，3，1，4，5\}$ $G_2=\{4，2，1，3\}$ $G_3=\{1，2，3\}$	0.1705	187.8091
$[0.1705，0.2091]$	**$G_1=\{1，3，2，4，5\}$ $G_2=\{4，2，1，3\}$ $G_3=\{1，2，3\}$**	**0.1890**	**187.6098**
$[0.2091，0.3333]$	$G_1=\{1，2，3，4，5\}$ $G_2=\{4，2，1，3\}$ $G_3=\{1，2，3\}$	0.2091	187.8425
$[0.3333，0.5]$	$G_1=\{1，2，3，4，5\}$ $G_2=\{3，2，1，4\}$ $G_3=\{1，2，3\}$	0.3333	199.2283

注：表中黑体加粗的为当前的最优解。

表 A12　　　　　　　　$\{G_3，G_2，G_1\}$ 情形下的计算结果

子区间	最优组内加工顺序	最优的 x	最优值
$[0，0.0294]$	$G_1=\{4，3，1，2，5\}$ $G_2=\{4，3，1，2\}$ $G_3=\{1，2，3\}$	0.0294	304.7590
$[0.0294，0.0625]$	$G_1=\{4，3，1，2，5\}$ $G_2=\{4，2，1，3\}$ $G_3=\{1，2，3\}$	0.0625	297.3820
$[0.0625，0.0765]$	$G_1=\{4，2，1，3，5\}$ $G_2=\{4，2，1，3\}$ $G_3=\{1，2，3\}$	0.0765	294.5698
$[0.0765，0.1161]$	$G_1=\{4，2，1，3，5\}$ $G_2=\{3，2，1，4\}$ $G_3=\{1，2，3\}$	0.1161	287.3996
$[0.1161，0.1212]$	$G_1=\{3，2，1，4，5\}$ $G_2=\{3，2，1，4\}$ $G_3=\{1，2，3\}$	0.1212	286.5857
$[0.1212，0.1425]$	$G_1=\{3，2，1，4，5\}$ $G_2=\{2，3，1，4\}$ $G_3=\{1，2，3\}$	0.1425	283.4585
$[0.1425，0.1667]$	$G_1=\{3，2，1，4，5\}$ $G_2=\{1，3，2，4\}$ $G_3=\{1，2，3\}$	0.1667	280.3190
$[0.1667，0.1776]$	$G_1=\{2，3，1，4，5\}$ $G_2=\{1，3，2，4\}$ $G_3=\{1，2，3\}$	0.1776	279.0740
$[0.1776，0.1913]$	$G_1=\{2，3，1，4，5\}$ $G_2=\{1，2，3，4\}$ $G_3=\{1，2，3\}$	0.1913	277.6902
$[0.1913，0.2317]$	$G_1=\{1，3，2，4，5\}$ $G_2=\{1，2，3，4\}$ $G_3=\{1，2，3\}$	0.2317	274.7591
$[0.2317，0.5]$	**$G_1=\{1，2，3，4，5\}$ $G_2=\{1，2，3，4\}$ $G_3=\{1，2，3\}$**	**0.2729**	**273.7076**

注：表中黑体加粗的为当前的最优解。

参考文献

［1］ 程惠芳，陆嘉俊．知识资本对工业企业全要素生产率影响的实证分析
　　　［J］．经济研究，2014（5）：174 – 187.

［2］ 程虹．管理提升了企业劳动生产率吗？——来自中国企业—劳动力匹配
　　　调查的经验证据［J］．管理世界，2018（2）：80 – 92.

［3］ 崔喆．基于群智能优化算法的流水车间调度问题若干研究［D］．上海：
　　　华东理工大学，2013.

［4］ 邓冠龙．基于元启发式算法的调度问题若干研究［D］．上海：华东理工
　　　大学，2012.

［5］ 胡运权．运筹学教程［M］．北京：清华大学出版社，2003.

［6］ 李锋．生产与物流批调度理论方法研究［D］．沈阳：东北大学，2016.

［7］ 李平．不确定条件下混装和作业车间调度问题研究［D］．武汉：武汉科
　　　技大学，2013.

［8］ 刘春来．考虑订单外包的生产调度模型和算法研究［D］．大连：大连理
　　　工大学，2017.

［9］ 沈佳煜．不确定情形下若干排序问题的研究［D］．南京：南京理工大
　　　学，2016.

［10］ 谭貌．基于电力需求响应的板坯热轧负荷分析与调度［D］．湘潭：湘
　　　潭大学，2015.

［11］ 汤学良，吴万宗．员工培训、出口与企业生产率——基于中国制造业

企业数据的研究［J］. 财贸研究，2015（5）：65 –74.

［12］王桂荣. 分时电价下炼钢连铸生产调度优化方法［D］. 济南：山东大学，2017.

［13］徐建有. 基于智能优化算法的生产调度问题研究［D］. 沈阳：东北大学，2015.

［14］徐开亮. 生产任务加工时间可控条件下的生产调度问题研究［D］. 西安：西安交通大学，2010.

［15］虞先玉. 时间可变的产品生产与配送调度研究［D］. 南京：东南大学，2015.

［16］曾程宽. 考虑缓冲和运输能力限制的作业车间和跨单元生产调度方法［D］. 沈阳：东北大学，2015.

［17］郑文平，方福前. 员工培训与企业生产率：来自中国的经验证据［J］. 学习与探索，2016（2）：103 –108.

［18］朱辉. 时间可控的生产调度模型与优化算法研究［D］. 南京：东南大学，2018.

［19］Abernathy W J, Wayne K. Limits of the learning curve［J］. Harvard Business Review, 1974, 52（1）：109 –119.

［20］Adamu M O, Adewumi A O. A survey of single machine scheduling to minimize weighted number of tardy jobs［J］. Journal of Industrial & Management Optimization, 2014, 10（1）：219 –241.

［21］Adler P S, Clark K B. Behind the learning curve：A sketch of the learning process［J］. Management Science, 1991, 37（3）：267 –281.

［22］Alidaee B, Womer N K. Scheduling with time dependent processing times：Review and extensions［J］. Journal of the Operational Research Society, 1999, 50（7）：711 –720.

［23］Anzanello M J, Fogliatto F S. Learning curve models and applications：Literature review and research directions［J］. International Journal of Industrial Ergonomics, 2011, 41（5）：573 –583.

[24] Arrow K J. The economic implications of learning by doing [J]. The Review of Economic Studies, 1962, 29 (3): 155 – 173.

[25] Asher H. Cost-quantity relationships in the airframe industry [D]. Columbus: The Ohio State University, 1956.

[26] Azzouz A, Ennigrou M, Ben Said L. Scheduling problems under learning effects: Classification and cartography [J]. International Journal of Production Research, 2018, 56 (4): 1642 – 1661.

[27] Bachman A, Janiak A. Scheduling jobs with position-dependent processing times [J]. Journal of the Operational Research Society, 2004, 55 (3): 257 – 264.

[28] Badiru A B. Computational survey of univariate and multivariate learning curve models [J]. IEEE Transactions on Engineering Management, 1992, 39 (2): 176 – 188.

[29] Bai D, Tang M, Zhang Z H, et al. Flow shop learning effect scheduling problem with release dates [J]. Omega, 2018, 78: 21 – 38.

[30] Bai J, Li Z R, Huang X. Single-machine group scheduling with general deterioration and learning effects [J]. Applied Mathematical Modelling, 2012, 36 (3): 1267 – 1274.

[31] Bai J, Wang M Z, Wang J B. Single machine scheduling with a general exponential learning effect [J]. Applied Mathematical Modelling, 2012, 36 (2): 829 – 835.

[32] Behnamian J, Zandieh M, Ghomi S M T. Due windows group scheduling using an effective hybrid optimization approach [J]. International Journal of Advanced Manufacturing Technology, 2010, 46 (5 – 8): 721 – 735.

[33] Biskup D. A state-of-the-art review on scheduling with learning effects [J]. European Journal of Operational Research, 2008, 188 (2): 315 – 329.

[34] Biskup D, Jahnke H. Common due date assignment for scheduling on a single machine with jointly reducible processing times [J]. International Journal

of Production Economics, 2001, 69 (3): 317 –322.

[35] Biskup D, Simons D. Common due date scheduling with autonomous and in-duced learning [J]. European Journal of Operational Research, 2004, 159 (3): 606 –616.

[36] Biskup D. Single-machine scheduling with learning considerations [J]. European Journal of Operational Research, 1999, 115 (1): 173 –178.

[37] Carr G W. Peacetime cost estimating requires new learning curves [J]. Aviation, 1946, 45 (4): 220 –228.

[38] Cheng T C E, Cheng S R, Wu W H, et al. A two-agent single-machine scheduling problem with truncated sum-of-processing-times-based learning considerations [J]. Computers & Industrial Engineering, 2011, 60 (4): 534 –541.

[39] Cheng T C E. Common due-date assignment and scheduling for a single processor to minimize the number of tardy jobs [J]. Engineering Optimization + A35, 1990, 16 (2): 129 –136.

[40] Cheng T C E, Ding Q, Lin B M T. A concise survey of scheduling with time-dependent processing times [J]. European Journal of Operational Research, 2004, 152 (1): 1 –13.

[41] Cheng T C E, Kang L, Ng C T. Due-date assignment and parallel-machine scheduling with deteriorating jobs [J]. Journal of the Operational Research Society, 2007, 58 (8): 1103 –1108.

[42] Cheng T C E, Kovalyov M Y, Ng C T, et al. Group sequencing around a common due date [J]. Discrete Optimization, 2008, 5 (3): 594 –604.

[43] Cheng T C E, Kuo W H, Yang D L. Scheduling with a position-weighted learning effect based on sum-of-logarithm-processing-times and job position [J]. Information Sciences, 2013, 221: 490 –500.

[44] Cheng T C E, Wang G. Single machine scheduling with learning effect considerations [J]. Annals of Operations Research, 2000, 98 (1 –4): 273 –290.

[45] Cheng T C E, Wu C C, Lee W C. Some scheduling problems with sum-of-processing-times-based and job-position-based learning effects [J]. Information Sciences, 2008, 178 (11): 2476 – 2487.

[46] Chen K, Yao D, Cheng T C E, et al. Production scheduling with autonomous and induced learning [J]. International Journal of Production Research, 2021, 59 (9): 2817 – 2837.

[47] Day G S, Montgomery D B. Diagnosing the experience curve [J]. Journal of Marketing, 1983, 47 (2): 44 – 58.

[48] DeJong J. The effects of increasing skill on cycle time and its consequences for time standards [J]. Ergonomics, 1957, 1 (1): 51 – 60.

[49] De P, Ghosh J B, Wells C E. Optimal delivery time quotation and order sequencing [J]. Decision Sciences, 1991, 22 (2): 379 – 390.

[50] Dutton J M, Thomas A. Treating progress functions as a managerial opportunity [J]. Academy of Management Review, 1984, 9 (2): 235 – 247.

[51] Fan W, Pei J, Liu X, et al. Serial-batching group scheduling with release times and the combined effects of deterioration and truncated job-dependent learning [J]. Journal of Global Optimization, 2018, 71 (1): 147 – 163.

[52] Fine C H. Quality improvement and learning in productive systems [J]. Management Science, 1986, 32 (10): 1301 – 1315.

[53] Gao F, Liu M, Wang J J, et al. No-wait two-machine permutation flow shop scheduling problem with learning effect, common due date and controllable job processing times [J]. International Journal of Production Research, 2018, 56 (6): 2361 – 2369.

[54] Gordon V, Proth J M, Chu C. A survey of the state-of-the-art of common due date assignment and scheduling research [J]. European Journal of Operational Research, 2002, 139 (1): 1 – 25.

[55] Gordon V S, Strusevich V A. Single machine scheduling and due date assignment with positionally dependent processing times [J]. European Journal

of Operational Research, 2009, 198 (1): 57 – 62.

[56] Gordon V, Strusevich V, Dolgui A. Scheduling with due date assignment under special conditions on job processing [J]. Journal of Scheduling, 2012, 15 (4): 447 – 456.

[57] Graham R L, Lawler E L, Lenstra J K, et al. Optimization and approximation in deterministic sequencing and scheduling: A survey [J]. Annals of Discrete Mathematics, 1979, 5 (1): 287 – 326.

[58] Ham I, Hitomi K, Yoshida T. Group technology: Applications to production management [M]. Kluwer-Nijhoff, Boston, 1985.

[59] Hardy G H, Littlewood J E, Pólya G. Inequalities [M]. Cambridge University Press, 1967.

[60] Hatch N W, Mowery D C. Process Innovation and Learning by Doing in Semiconductor Manufacturing [J]. Management Science, 1998, 44 (11): 1461 – 1477.

[61] Hirschmann W B. Profit from the learning curve [J]. Harvard Business Review, 1964, 42 (1): 125 – 139.

[62] Ittner C D, Nagar V, Rajan M V. An empirical examination of dynamic quality-based learning models [J]. Management Science, 2001, 47 (4): 563 – 578.

[63] Jaber M Y, Bonney M. The economic manufacture/order quantity (EMQ/ EOQ) and the learning curve: Past, present, and future [J]. International Journal of Production Economics, 1999, 59 (1 – 3): 93 – 102.

[64] Jaber M Y, Givi Z, Neumann W P. Incorporating human fatigue and recovery into the learning-forgetting process [J]. Applied Mathematical Modelling, 2013, 37 (12 – 13): 7287 – 7299.

[65] Janiak A, Janiak W A, Krysiak T, et al. A survey on scheduling problems with due windows [J]. European Journal of Operational Research, 2015, 242 (2): 347 – 357.

[66] Janiak A, Kwiatkowski T, Lichtenstein M. Scheduling problems with a common due window assignment: A survey [J]. International Journal of Applied Mathematics and Computer Science, 2013, 23 (1): 231–241.

[67] Janiak A, Rudek R. Complexity results for single-machine scheduling with positional learning effects [J]. Journal of the Operational Research Society, 2008, 59 (10): 1430–1430.

[68] Ji M, Cheng T C E. Scheduling with job-dependent learning effects and multiple ratemodifying activities [J]. Information Processing Letters, 2010, 110 (11): 460–463.

[69] Ji M, Chen K, Ge J, et al. Group scheduling and job-dependent due window assignment based on a common flow allowance [J]. Computers & Industrial Engineering, 2014, 68: 35–41.

[70] Ji M, Yao D, Yang Q, et al. Machine scheduling with DeJong's learning effect [J]. Computers & Industrial Engineering, 2015, 80: 195–200.

[71] Ji M, Zhang X, Tang X, et al. Group scheduling with group-dependent multiple due windows assignment [J]. International Journal of Production Research, 2016, 54 (4): 1244–1256.

[72] Jorgensen S, Kort P M. Autonomous and induced learning: An optimal control approach [J]. International Journal of Technology Management, 2002, 23 (7–8): 655–674.

[73] Józefowska J, Jurisch B, Kubiak W. Scheduling shops to minimize the weighted number of late jobs [J]. Operations Research Letters, 1994, 16 (5): 277–283.

[74] Kahlbacher H G, Cheng T C E. Parallel machine scheduling to minimize costs for earliness and number of tardy jobs [J]. Discrete Applied Mathematics, 1993, 47 (2): 139–164.

[75] Karp R M. Reducibility Among Combinatorial Problems [M]. Berlin, Heidelberg: Springer Berlin Heidelberg, 2010: 219–241.

[76] Khalilpourazari S, Mohammadi M. A new exact algorithm for solving single machine scheduling problems with learning effects and deteriorating jobs [J]. arXiv preprint arXiv: 1809. 03795, 2018.

[77] Koulamas C. A unified solution approach for the due date assignment problem with tardy jobs [J]. International Journal of Production Economics, 2011, 132 (2): 292 – 295.

[78] Koulamas C, Kyparisis G J. Single-machine and two-machine flowshop scheduling with general learning functions [J]. European Journal of Operational Research, 2007, 178 (2): 402 – 407.

[79] Kovalyov M Y, Kubiak W. A fully polynomial approximation scheme for minimizing makespan of deteriorating jobs [J]. Journal of Heuristics, 1998, 3 (4): 287 – 297.

[80] Kovalyov M Y, Kubiak W. A fully polynomial approximation scheme for the weighted earliness-tardiness problem [J]. Operations Research, 1999, 47 (5): 757 – 761.

[81] Kuo W H, Yang D L. Minimizing the total completion time in a single-machine scheduling problem with a time-dependent learning effect [J]. European Journal of Operational Research, 2006a, 174 (2): 1184 – 1190.

[82] Kuo W H, Yang D L. Single-machine group scheduling with a time-dependent learning effect [J]. Computers & Operations Research, 2006, 33 (8): 2099 – 2112.

[83] Kuo W H, Yang D L. Single machine scheduling with past-sequence-dependent setup times and learning effects [J]. Information Processing Letters, 2007, 102 (1): 22 – 26.

[84] Kuo W. Single-machine group scheduling with time-dependent learning effect and position-based setup time learning effect [J]. Annals of Operations Research, 2012, 196 (1): 349 – 359.

[85] Lai P J, Lee W C. Single-machine scheduling with general sum-of-process-

ing-time-based and position-based learning effects [J]. Omega, 2011, 39 (5): 467 –471.

[86] Lapré M A, Mukherjee A S, Van Wassenhove L N. Behind the learning curve: Linking learning activities to waste reduction [J]. Management Science, 2000, 46 (5): 597 –611.

[87] Lapré M A, van Wassenhove L N. Creating and transferring knowledge for productivity improvement in factories [J]. Management Science, 2001, 47 (10): 1311 –1325.

[88] Lawler E L, Moore J M. A functional equation and its application to resource allocation and sequencing problems [J]. Management Science, 1969, 16 (1): 77 –84.

[89] Lee W C, Lu Z S. Group scheduling with deteriorating jobs to minimize the total weighted number of late jobs [J]. Applied Mathematics and Computation, 2012, 218 (17): 8750 –8757.

[90] Lee W C, Wu C C. A note on single-machine group scheduling problems with position-based learning effect [J]. Applied Mathematical Modelling, 2009, 33 (4): 2159 –2163.

[91] Lee W C, Wu C C, Hsu P H. A single-machine learning effect scheduling problem with release times [J]. Omega, 2010, 38 (1 –2): 3 –11.

[92] Levy F K. Adaptation in the production process [J]. Management Science, 1965, 11 (6): 130 –136.

[93] Leyvand Y, Shabtay D, Steiner G. A unified approach for scheduling with convex resource consumption functions using positional penalties [J]. European Journal of Operational Research, 2010, 206 (2): 301 –312.

[94] Liao B, Wang X, Zhu X, et al. Less is more approach for competing groups scheduling with different learning effects [J]. Journal of Combinatorial Optimization, 2020, 39 (1): 33 –54.

[95] Liao W Z, Jiang M, Zhang X F. Group production scheduling model with due

window and maintenance [C]. 2017 IEEE International Conference on Indus-
trial Engineering and Engineering Management (IEEM), 2017: 588 – 592.

[96] Li G, Luo M, Zhang W, et al. Single-machine due-window assignment
scheduling based on common flow allowance, learning effect and resource al-
location [J]. International Journal of Production Research, 2015, 53 (4):
1228 – 1241.

[97] Li G, Rajagopalan S. Process improvement, quality, and learning effects
[J]. Management Science, 1998, 44 (11 – part – 1): 1517 – 1532.

[98] Liman S D, Panwalkar S S, Thongmee S. Common due window size and lo-
cation determination in a single machine scheduling problem [J]. Journal of
the Operational Research Society, 1998, 49 (9): 1007 – 1010.

[99] Li S, Ng C T, Yuan J. Group scheduling and due date assignment on a sin-
gle machine [J]. International Journal of Production Economics, 2011, 130
(2): 230 – 235.

[100] Li S, Ng C, Yuan J. Scheduling deteriorating jobs with CON/SLK due date
assignment on a single machine [J]. International Journal of Production E-
conomics, 2011, 131 (2): 747 – 751.

[101] Li W X, Zhao C L. Single machine scheduling problem with multiple due
windows assignment in a group technology [J]. Journal of Applied Mathe-
matics and Computing, 2015, 48 (1 – 2): 477 – 494.

[102] Liu S C. Common due-window assignment and group scheduling with posi-
tion-dependent processing times [J]. Asia-Pacific Journal of Operational
Research, 2015, 32 (6): 1550045 (19 pages).

[103] Liu Z, Yu W. Minimizing the number of late jobs under the group technology
assumption [J]. Journal of Combinatorial Optimization, 1999, 3 (1): 5 –
15.

[104] Mitrofanov S. Scientific principles of group technology (English translation)
[J]. National Lending Library for Science and Technology, Boston Spa,

Yorks, 1966.

[105] Mohammadi M, Khalilpourazari S. Minimizing makespan in a single machine scheduling problem with deteriorating jobs and learning effects [C]. Proceedings of the 6th International Conference on Software and Computer Applications, 2017: 310 – 315.

[106] Moore J M. An n job, one machine sequencing algorithm for minimizing the number of late jobs [J]. Management Science, 1968, 15 (1): 102 – 109.

[107] Mor B, Mosheiov G. A two-agent single machine scheduling problem with due-window assignment and a common flow-allowance [J]. Journal of Combinatorial Optimization, 2017, 33 (4): 1454 – 1468.

[108] Mor B, Mosheiov G. Scheduling a maintenance activity and due-window assignment based on common flow allowance [J]. International Journal of Production Economics, 2012, 135 (1): 222 – 230.

[109] Mosheiov G. Minimizing total absolute deviation of job completion times: Extensions to position-dependent processing times and parallel identical machines [J]. Journal of the Operational Research Society, 2008, 59 (10): 1422 – 1424.

[110] Mosheiov G, Oron D. Job-dependent due-window assignment based on a common flow allowance [J]. Foundations of Computing and Decision Sciences, 2010, 35 (3): 185 – 195.

[111] Mosheiov G, Oron D. Minimizing the number of tardy jobs on a proportionate flowshop with general position-dependent processing times [J]. Computers & Operations Research, 2012, 39 (7): 1601 – 1604.

[112] Mosheiov G. Parallel machine scheduling with a learning effect [J]. Journal of the Operational Research Society, 2001b, 52 (10): 1165 – 1169.

[113] Mosheiov G, Sarig A. A due-window assignment problem with position-dependent processing times [J]. Journal of the Operational Research Society,

2008, 59 (7): 997 –1003.

[114] Mosheiov G, Sarig A. Scheduling a maintenance activity and due-window assignment on a single machine [J]. Computers & Operations Research, 2009, 36 (9): 2541 –2545.

[115] Mosheiov G. Scheduling problems with a learning effect [J]. European Journal of Operational Research, 2001a, 132 (3): 687 –693.

[116] Mosheiov G, Shabtay D. Maximizing the weighted number of just-in-time jobs on a single machine with position-dependent processing times [J]. Journal of Scheduling, 2013, 16 (5): 519 –527.

[117] Mosheiov G, Sidney J B. Note on scheduling with general learning curves to minimize the number of tardy jobs [J]. Journal of the Operational Research Society, 2005, 56 (1): 110 –112.

[118] Mosheiov G, Sidney J B. Scheduling with general job-dependent learning curves [J]. European Journal of Operational Research, 2003, 147 (3): 665 –670.

[119] Mukherjee A S, Lapré M A, Van Wassenhove L N. Knowledge driven quality improve-ment [J]. Management Science, 1998, 44 (11-part-2): S35 – S49.

[120] Ng C D, Cheng T C E, Kovalyov M Y, et al. Single machine scheduling with a variable common due date and resource-dependent processing times [J]. Computers & Operations Research, 2003, 30 (8): 1173 –1185.

[121] Okołowski D, Gawiejnowicz S. Exact and heuristic algorithms for parallel-machine scheduling with DeJong's learning effect [J]. Computers & Industrial Engineering, 2010, 59 (2): 272 –279.

[122] Ostermeier F F. The impact of human consideration, schedule types and product mix on scheduling objectives for unpaced mixed-model assembly lines [J]. International Journal of Production Research, 2019: 1 –20.

[123] Pan E, Wang G, Xi L, et al. Single-machine group scheduling problem

considering learning, forgetting effects and preventive maintenance [J]. International Journal of Production Research, 2014, 52 (19): 5690 –5704.

[124] Pegels C C. On startup or learning curves: An expanded view [J]. AIIE Transactions, 1969, 1 (3): 216 –222.

[125] Pei J, Liu X, Liao B, et al. Single-machine scheduling with learning effect and resource-dependent processing times in the serial-batching production [J]. Applied Mathematical Modelling, 2018, 58: 245 –253.

[126] Pinedo M L. Scheduling: Theory, Algorithms, and Systems [M]. New York: Springer, 2012.

[127] Qian J, Steiner G. Scheduling with learning effects and/or time-dependent processing times to minimize the weighted number of tardy jobs on a single machine [J]. Mathematical Problems in Engineering, 2013.

[128] Qin H, Zhang Z, Bai D. Permutation flowshop group scheduling with position-based learning effect [J]. Computers & Industrial Engineering, 2016, 92 (Feb.): 1 –15.

[129] Rana S P, Singh N. Group scheduling jobs on a single machine: A multi-objective approach with preemptive priority structure [J]. European Journal of Operational Research, 1994, 79 (1): 38 –50.

[130] Rasti-Barzoki M, Hejazi S R. Minimizing the weighted number of tardy jobs with due date assignment and capacity-constrained deliveries for multiple customers in supply chains [J]. European Journal of Operational Research, 2013, 228 (2): 345 –357.

[131] Rudek R. Scheduling problems with position dependent job processing times: computational complexity results [J]. Annals of Operations Research, 2012, 196 (1): 491 –516.

[132] Rustogi K, Strusevich V A. Combining time and position dependent effects on a single machine subject to rate-modifying activities [J]. Omega, 2014, 42 (1): 166 –178.

[133] Serel D A, Dada M, Moskowitz H, et al. Investing in quality under autonomous and induced learning [J]. IIE Transactions, 2003, 35 (6): 545 – 555.

[134] Shabtay D, Steiner G. Optimal due date assignment and resource allocation to minimize the weighted number of tardy jobs on a single machine [J]. Manufacturing & Service Operations Management, 2007, 9 (3): 332 – 350.

[135] Shabtay D, Steiner G. Scheduling to Maximize the Number of Just-in-Time Jobs: A Survey [M]. New York: Springer New York, 2012: 3 – 20.

[136] Shahvari O, Logendran R. A comparison of two stage-based hybrid algorithms for a batch scheduling problem in hybrid flow shop with learning effect [J]. International Journal of Production Economics, 2018, 195: 227 – 248.

[137] Sheshinski E. Tests of the "learning by doing" hypothesis [J]. The review of Economics and Statistics, 1967, 49: 568 – 578.

[138] Steiner G, Zhang R. Minimizing the weighted number of tardy jobs with due date assignment and capacity-constrained deliveries [J]. Annals of Operations Research, 2011, 191 (1): 171 – 181.

[139] Sun L, Yu A J, Wu B. Single machine common flow allowance group scheduling with learning effect and resource allocation [J]. Computers & Industrial Engineering, 2020: doi: 10.1016/ j. cie. 2019. 106126.

[140] Sun X, Geng X N, Wang J B, et al. Convex resource allocation scheduling in the no-wait flowshop with common flow allowance and learning effect [J]. International Journal of Production Research, 2019, 57 (6): 1873 – 1891.

[141] Wang J B. A note on scheduling problems with learning effect and deteriorating jobs [J]. International Journal of Systems Science, 2006, 37 (12): 827 – 833.

[142] Wang J B, Ng C, Cheng T C E, et al. Single-machine scheduling with a time-dependent learning effect [J]. International Journal of Production Economics, 2008, 111 (2): 802 – 811.

[143] Wang J B. Single-machine scheduling problems with the effects of learning and deterioration [J]. Omega, 2007, 35 (4): 397 – 402.

[144] Wang J B, Wang C. Single-machine due-window assignment problem with learning effect and deteriorating jobs [J]. Applied Mathematical Modelling, 2011, 35 (8): 4017 – 4022.

[145] Wang J, Xia Z. Flow-shop scheduling with a learning effect [J]. Journal of the Operational Research Society, 2005, 56 (11): 1325 – 1330.

[146] Wang X, Cheng T C E. Single-machine scheduling with deteriorating jobs and learning effects to minimize the makespan [J]. European Journal of Operational Research, 2007, 178 (1): 57 – 70.

[147] Wang X Y, Wang J J. Scheduling deteriorating jobs with a learning effect on unrelated parallel machines [J]. Applied Mathematical Modelling, 2014, 38 (21 – 22): 5231 – 5238.

[148] Webster S, Baker K R. Scheduling groups of jobs on a single machine [J]. Operations Research, 1995, 43 (4): 692 – 703.

[149] Wright T. Factors affecting the cost of airplanes [J]. Journal of the Aeronautical Sciences, 1936, 3 (4): 122 – 128.

[150] Wu C C, Lee W C, Chen T. Heuristic algorithms for solving the maximum lateness scheduling problem with learning considerations [J]. Computers & Industrial Engineering, 2007, 52 (1): 124 – 132.

[151] Wu C C, Lee W C. Single-machine group-scheduling problems with deteriorating setup times and job-processing times [J]. International Journal of Production Economics, 2008, 115 (1): 128 – 133.

[152] Wu C C, Lee W C. Single-machine scheduling problems with a learning effect [J]. Applied Mathematical Modelling, 2008, 32 (7): 1191 –

1197.

[153] Wu C C, Wang D J, Cheng S R, et al. A two-stage three-machine assembly scheduling problem with a position-based learning effect [J]. International Journal of Production Research, 2018, 56 (9): 3064 – 3079.

[154] Wu C C, Yin Y, Cheng S R. Single-machine and two-machine flowshop scheduling problems with truncated position-based learning functions [J]. Journal of the Operational Research Society, 2013, 64 (1): 147 – 156.

[155] Wu C, Shiau Y, Lee W. Single-machine group scheduling problems with deterioration consideration [J]. Computers & Operations Research, 2008, 35 (5): 1652 – 1659.

[156] Xu J, Wu C C, Yin Y, et al. An order scheduling problem with position-based learning effect [J]. Computers & Operations Research, 2016, 74: 175 – 186.

[157] Yang D L, Cheng T C E, Kuo W H. Scheduling with a general learning effect [J]. The International Journal of Advanced Manufacturing Technology, 2013, 67 (1 – 4): 217 – 229.

[158] Yang D L, Kuo W H. Scheduling with deteriorating jobs and learning effects [J]. Applied Mathematics and Computation, 2011, 218 (5): 2069 – 2073.

[159] Yang D L, Kuo W H. Single-machine scheduling with an actual time-dependent learning effect [J]. Journal of the Operational Research Society, 2007, 58 (10): 1348 – 1353.

[160] Yang S J. Group scheduling problems with simultaneous considerations of learning and deterioration effects on a single-machine [J]. Applied Mathematical Modelling, 2011, 35 (8): 4008 – 4016.

[161] Yang S J, Yang D L. Note on "A note on single-machine group scheduling problems with position-based learning effect" [J]. Applied Mathematical Modelling, 2010a, 34 (12): 4306 – 4308.

[162] Yang S J, Yang D L. Single-machine group scheduling problems under the effects of deterioration and learning [J]. Computers & Industrial Engineering, 2010b, 58 (4): 754-758.

[163] Yang S J, Yang D L. Single-machine scheduling simultaneous with position-based and sum-of-processing-times-based learning considerations under group technology assumption [J]. Applied Mathematical Modelling, 2011, 35 (5): 2068-2074.

[164] Yang W H, Chand S. Learning and forgetting effects on a group scheduling problem [J]. European Journal of Operational Research, 2008, 187 (3): 1033-1044.

[165] Yan Y, Wang D Z, Wang D W, et al. Single machine group scheduling problems with the effects of deterioration and learning [J]. Acta Automatica Sinica, 2009, 35 (10): 1290-1295.

[166] Yelle L E. The learning curve: Historical review and comprehensive survey [J]. Decision Sciences, 1979, 10 (2): 302-328.

[167] Yin N, Kang L, Wang X Y. Single-machine group scheduling with processing times dependent on position, starting time and allotted resource [J]. Applied Mathematical Modelling, 2014, 38 (19-20): 4602-4613.

[168] Yin Y, Wang D, Cheng T C E, et al. Bi-criterion single-machine scheduling and due-window assignment with common flow allowances and resource-dependent processing times [J]. Journal of the Operational Research Society, 2016, 67 (9): 1169-1183.

[169] Yin Y, Xu D, Sun K, et al. Some scheduling problems with general position-dependent and time-dependent learning effects [J]. Information Sciences, 2009, 179 (14): 2416-2425.

[170] Yin Y, Xu D, Wang J. Single-machine scheduling with a general sum-of-actual-processing-times-based and job-position-based learning effect [J]. Applied Mathematical Modelling, 2010, 34 (11): 3623-3630.

［171］ Yu X Y, Zhou D Q, Zhang Y L. The study of group scheduling problems with general dual-position-based job processing times ［J］. Journal of the Operations Research Society of China, 2017, 5 (4): 509 – 527.

［172］ Zha H, Zhang L. Scheduling projects with multiskill learning effect ［J］. The Scientific World Journal, 2014: http: //dx. doi. org/10. 1155/2014/ 731081.

［173］ Zhang X, Liao L, Zhang W, et al. Single-machine group scheduling with new models of position-dependent processing times ［J］. Computers & Industrial Engineering, 2018, 117: 1 – 5.

［174］ Zhang X, Sun L, Wang J. Single machine scheduling with autonomous learning and induced learning ［J］. Computers & Industrial Engineering, 2013, 66 (4): 918 – 924.

［175］ Zhang X, Yan G. Single-machine group scheduling problems with deteriorated and learning effect ［J］. Applied Mathematics and Computation, 2010, 216 (4): 1259 – 1266.

［176］ Zhao C. Common due date assignment and single-machine scheduling with release times to minimize the weighted number of tardy jobs ［J］. Japan Journal of Industrial and Applied Mathematics, 2016, 33 (1): 239 – 249.

［177］ Zhao C, Fang J, Cheng T C E, et al. A note on the time complexity of machine scheduling with DeJong's learning effect ［J］. Computers & Industrial Engineering, 2017, 112: 447 – 449.

［178］ Zhao C, Hsu C J, Cheng S R, et al. Due date assignment and single machine scheduling with deteriorating jobs to minimize the weighted number of tardy jobs ［J］. Applied Mathematics and Computation, 2014, 248: 503 – 510.

［179］ Zhao C, Zhang Q, Tang H. Machine scheduling problems with learning effects ［J］. Dynamics of Continuous, Discrete and Impulsive Systems, Series A: Mathematical Analysis, 2004, 11 (5 – 6): 741 – 750.

[180] Zhu Z, Chu F, Sun L, et al. Single machine scheduling with resource allocation and learning effect considering the rate-modifying activity [J]. Applied Mathematical Modelling, 2013, 37 (7): 5371 – 5380.

[181] Zhu Z, Sun L, Chu F, et al. Single-machine group scheduling with resource allocation and learning effect [J]. Computers & Industrial Engineering, 2011, 60 (1): 148 – 157.

[182] Żurowski M, Gawiejnowicz S. Scheduling preemptable position-dependent jobs on two parallel identical machines [J]. Computers & Industrial Engineering, 2019, 132: 373 – 384.

[183] Żurowski M. Preemptive Scheduling of Jobs with a Learning Effect on Two Parallel Machines [M]//Kliewer N, Ehmke J F, Borndörfer R. Operations Research Proceedings 2017. Cham: Springer International Publishing, 2018: 587 – 592.